바우길, 그 길을 걷다

바우길,
그 길을 걷다

글·사진 신두호

역사공간

머리말

　머리말을 쓰면서 자문합니다. 왜 애초에 바우길을 택했지? 왜 바우길을 줄곧 걸었지? 왜 글과 사진으로 담으려했지? 그도 모자라 왜 책으로 만들지? 지금에 와서 바우길은 내게 무슨 의미지? 이렇게 자문하게 되니 그동안의 흩어진 생각들이 정리됩니다.

　왜 바우길이었지? 왜 걷지? 자연이 좋아서였습니다. 어려서 시골에서 자연과 가깝게 살았던 기억이 내면의 어딘가에 깊숙이 묻혀 있다가 강릉의 자연에 의해 터진 격입니다. 바우길이 안내하는 강릉의 경관만큼 청정하고 다양하고 격조 있으면서도 접근이 용이한 길은 흔치 않을 듯합니다. '강릉 사람'으로 저 자신에게 부끄럽지 않기 위해서 였습니다. 강릉에 거주한지 만 10년이 되던 해입니다. 소위 강릉토배기 지인과 대화중 10년이면 이제는 강릉사람이지 않느냐는 제 의기양양한 주장에 그 분 왈, '3대는 살아야 강릉사람이죠.' 지금도 진반농반으로 이해합니다. 어쨌든 우회를 택했습니다. 그동안 별로 관심을 두지 않고 찾지 않았던 강릉의 자연과 우선 친해지기로 했습니다. 우리의 자연과 인문산수만큼 편견 없이 넓은 아량으로 보듬어주면서 그 지역의 전통과 특색을 구체적으로 담아내는 것도 없기 때문입니다. 그곳의 자연산수, 인문산수와 친해지고 알아가는 데 걷기만한 것이 없습니다. 자주자주 반복해서 걸어도 매번 새롭습니다.

내를 건너서 숲으로 / 고개를 넘어서 마을로
어제도 가고 오늘도 갈 / 나의 길 새로운 길
민들레가 피고 까치가 날고 / 아가씨가 지나고 바람이 일고
나의 길은 언제나 새로운 길 / 오늘도 … 내일도 …

윤동주의「새로운 길」처럼요. 덕분에, 지금, 저는 '강릉인'으로 당당하게 행세합니다.

    왜 글로 기록할까? 왜 사진으로 영상을 담을까? 글은 오히려 답이 쉽습니다. 제가 하는 일이 글로 정리해내는 일이기 때문입니다. 일종의 습관입니다. 경험으로 체득했습니다. 걷는 것이 사고행위라는 것을요. 걷다보면 인지능력과 사고력은 보폭에 비례해서 활발해집니다. 빨리 걸을 경우 사고가 따라오지 못하거나 무의식의 흐름처럼 단편으로 스쳐 달아납니다. 멈추거나 완보하면서 생각을 추스르고 메모를 합니다. 세월의 주름이 두터워짐에 따라 기억의 벽이 얇아진 탓도 있습니다. 책상머리에 앉아서는 도저히 떠오르지 않는 생각들이 걷기활동에 동반하니 그냥 떠나보내는 것이 아까워 적습니다. 습관이 되었습니다. 왜 사진까지 찍을까? 사진을 꾸준히 배워온데 따른 '뻔한' 명분이 아닌, 굳이 그럴듯하게 보이는 '타당한' 이유를 붙이자면, 관찰에 도움이 되

기 때문입니다. 작고하신 신영복선생 말씀입니다.

> 글과 그림, 사진의 공통점은 '관찰'이다. 바라봄의 중요성은 마음의 태도로부터 시작되는 것이다. 느낌표만 가득한 삶은 어느 순간 강도가 약해지고, 결국엔 시들해지는 삶이고, 물음표가 가득한 삶이야말로 창작행위로 이어지는 의미 있는 삶이 된다.

저야 그 경지까지 가기에는 여전히 턱없이 부족합니다만, 느낌표와 더불어 물음표 정신도 놓지 않으려고 합니다.

그런데, 왜, 책으로 만들지? 지난 몇 년간 바우길을 다니면서 적어 둔 메모를 틈틈이 글로 만들고 그 글 조각들이 모여 책 분량이 되었습니다. 바우길을 나설 때마다 찍어두었던 사진들을 추리고 추려보니 너그럽게 봐줄만한 사진들이 조금 걸러져 남았습니다. 책으로 엮으면서 깨닫습니다. 자연에서 느끼는 감흥이나 사유를 마음의 눈으로 숙성시켜 글로 표현해 낸다는 일이 참 어렵다는 것을요. 평소 논리적이고 탐구적인 딱딱한 글만을 써왔던 터라 독자의 마음에 젖어드는 글 쓰는 일엔 익숙하지도 않고 소질도 없습니다. '사진은 시간의 된장'이라고 누군가가 말했지만, 글쓰기에 비해 사진 찍는 경력은 더더욱 미천하고 재주도 없고 게으릅니다. '마음의 눈으로 아름다움을 본다는 것은 다른 눈보다 많은 것을 본다는 것을 의미한다'는 사진가 크리스틴 페인트너의 말을 상기하며 자연에서의 감흥과 정신적 체험을 사진으로 담으려는 마음가짐만은 잊지 않았습니다만, 마음가짐과는 달리 대상의 외형만을 사진기에 박아 놓았던 것은 아닌지 여전히 두려움이 앞섭니다.

그럼에도 책으로 엮습니다. 바우길을 걸으면서 발로 바라보고 눈으로 사유하고 마음으로 들으면서 강릉과 동해의 자연산수와 인문지리를 보다 더 잘 알게 되었고, 보다 더 사랑하게 되었고, 삶의 터전으로 보다 더 제게 확신과 자부심을 갖도록 해주었으니 이 책이 책으로서는 함량미달일지라도 제게는 고백이자 감사의 소중한 기록입니다. 부족한 글과 사진임에도 책으로 정성껏 만들어주신 도서출판 역사공간의 편집진과 주혜숙대표께 감사드립니다. 더불어, 오랜 시간 곁에서 응원해주신 사진공부모임 사진오름과 사진작업을 이끌어주신 이종만선생님께 감사드립니다. 무엇보다, 그동안 바우길에 기꺼이 동행해 주었던 삶의 동반자 김영숙, 항상 저를 응원해주는 제 삶에 바우길 같은 아이들 수현, 수홍, 그리고 새로 가족이 된 소중한 현아, 모두에게 고마움을 전합니다.

차례

1. 자연·생태 배움의 길 ———— 11

2. 평온·위로의 길 ———— 83

3. 인간·자연 공존의 길 ———— 159

4. 역사·문화의 길 ———— 239

1

자연·생태 배움의 길

봄의 전령

숲 속 봄의 전령은 무엇일까요?

이른 봄, 바우길을 걷다 보면 작은 노란 꽃 뭉치들을 줄기마다 빼곡히 매단 나무가 자주 목격됩니다. 아직 대기에는 차가운 기운이 가득하고 숲은 여전히 앙상한 모습이어서 그런지 이들 꽃 자태가 참 예쁩니다. 생강나무나 산수유, 둘 중의 하나입니다. 먼발치에서 보면 두 꽃이 쉽게 구분되지 않습니다. 조금만 유의 깊게 관찰해보면, 한 나무는 본가지에서 나온 잔가지에 꽃송이가 달려있고, 다른 나무는 본 가지에 직접 꽃이 달린 차이를 보입니다. 꽃 피는 모양도 조금 다릅니다. 하나는 기다란 꽃자루에 꽃이 하늘 방향으로 모여 피어있고, 다른 하나는 꽃자루가 짧아 가지에 꽃이 다닥다닥 둥글게 피어있는 모습입니다. 잔가지에 꽃자루가 길고 화살촉처럼 끝이 오므라져 올라간 꽃은 산수유이고, 본 가지에 다닥다닥 붙어 피는 것은 생강나무입니다.

이렇게 익혀두어도 자꾸 헷갈립니다. 오감 중에서 우리가 가장 크게 의존하는 시각은 생각만큼 신뢰할 만한 것이 아닐 수 있습니다. 곰

곰이 생각해보면, 오히려 후각이 더욱 믿을 만한 것은 아닌가 하는 생각도 듭니다. 어떤 냄새를 맡게 되면 즉각적으로 과거의 한 장면이 불현듯 기억에서 호출되는 경험을 하는 것을 보면요. 그것도 아주 선명한 기억으로요.

생강나무 꽃인지 아니면 산수유 꽃인지를 시각적으로 구별하는 것이 여전히 혼동되거나 성가시면, 후각을 이용하는 것이 더욱 신뢰할 만한 방법입니다. 잔가지를 꺾어 생강 냄새가 나면 생강나무 꽃이겠지요. 이 나무 이름이 여기에서 유래했을 정도니 믿을 만합니다. 꽃 냄새도 전혀 다릅니다. 생강나무는 향기가 진합니다만, 산수유는 향기가 거의 없습니다. 향기로만 치자면, 집안에 주로 심는 산수유보다는 생강나무가 월등 낫지요. 사실 생강나무는 암수딴그루이기 때문에 꽃가루받이를 위해 곤충을 향기로 유인해야 하지만, 산수유는 암수한그루이니 곤충을 유인하기 위해 향기를 낼 이유는 없습니다.

문득, 산수유 꽃에는 향기가 없음에도 '영원불변의 사랑'이라는 멋진 꽃말을 가진 이유가 무엇일까 궁금해집니다. 진한 향기보다는 나는 듯 마는듯한 향기처럼 수수하고 고운 자태를 지닌 그 모습에 평생 함께하고픈 연인의 진정한 아름다움이 투사된 것은 아닐까요. 이런 연인은 먼발치 미인은 아니겠지요. 오히려 가까이에서 함께하면서 그 내면의 은은하고 깊은 향기와 미에 취하는 연인이겠지요.

아마도 고등학교 시절이었던 것 같습니다. 읽으면서 가슴이 몽글몽글해졌던 작품으로 김유정의 〈동백꽃〉이라는 단편이 잊히질 않습니다. 작품 끝에 마을 뒷산에서 여주인공 점순이가 평소 마음에 품었던 소년과 함께 땅바닥에 쓰러지면서 자신을 소년의 몸 위에 포개는 장면이 있습니다. 다시 읽어보니, 갑작스런 소년소녀의 행동은 생강나무의 진한 향에 취해서 자신도 모르게 '저지른' 행동은 아닐는지요.

그리고 뒷에 떠다밀렸는지 나의 어깨를 짚은 채 그대로 퍽 쓰러진다. 그 바람에 나의 몸뚱이도 겹쳐서 쓰러지며 한창 피어 퍼드러진 노란 동백꽃

속으로 폭 파묻혀 버렸다.
알싸한 그리고 향긋한 그 냄새에 나는 땅이 꺼지는 듯이 온 정신이 고만 아찔하였다.

"노란 동백꽃"? 우리가 아는 동백꽃은 붉게 피어나는 꽃이 아니던가요? 김유정의 동백꽃은 동백나무 꽃이 아니라 생강나무 꽃입니다. 옛날에는 등잔불을 밝히거나 머리에 바르던 머릿기름으로 동백기름이 사용되었으나, 이마저도 사서 쓸 형편이 안 되던 사람들은 생강나무에 열리는 열매를 짜서 기름을 얻었다고 합니다. 이러한 연유로 생강나무는 '개동백,' 혹은 '산동백'으로 불렸고, 강원도에서는 그냥 '동백나무'라고 불렸다고 합니다. 우리가 알고 있는 동백나무는 따뜻한 기후를 좋아해서 주로 충청도 이남에 분포했습니다. 출생지에 대한 논란이 있기는 하지만, 작가 스스로 자신의 고향을 "강원도 산골"로 밝히고 있고 동백꽃 작품은 다른 작품과 마찬가지로 자신의 고향 산골을 배경으로 하고 있다는 점에서 김유정에게 생강나무 꽃은 동백꽃이었습니다.

성산에서 수목원 가는 바우길 옆, 이어진 산허리에 노란 생강나무 꽃이 올해도 참 많이 피어있습니다. 〈동백꽃〉 마지막 장면을 떠올리며 시골 소년 소녀의 새봄과 같은 풋풋한 사랑을 상상하면서 걷자니 헛헛해진 마음에 이는 아지랑이로 제 발걸음이 허정거립니다.

이래저래, 봄입니다.

자연,
바라만 보면 알 수 있을까요?

　봄기운은 자연에 성찬을 마련해 줍니다. 봄의 성찬을 마주한 우리의 눈은 황홀하고 마음은 그저 하늘하늘, 갈지자를 걷습니다. 자연의 성찬, 어떻게 먹어야 제대로 음미하는 것일까요? 맛있는 음식이 잘 차려진 상을 앞에 두면 우리는 음식 하나하나에 성의있는 관심을 주며 모든 감각을 동원합니다. 각양각색의 차려진 모습을 보는 시각적 즐거움, 침샘을 자극하는 음식 향의 후각적 안달, 젓가락 대신 손가락으로 전해오는 음식의 온기와 질감을 놓치지 않는 촉감의 예민함, 혀와 입안에 스며드는 맛의 자극과 결의 미각적 쾌감, 음식이 입안에서 부서지고 구르면서 전달되는 청각적 입장감. 자연의 성찬 감상법도 마찬가지 아닐까요.

　인간의 감각을 다룬 글 중 재미있고 유익하게 읽은 책이 있습니다. 다이앤 애커만Diane Ackerman의 『감각의 자연사』입니다. 오감 중 특히, 시각과 후각에 관한 내용이 재미있어 간단히 소개합니다. 인간의 얼굴은 전형적인 포식자의 얼굴로 자연에 존재하는 모든 포식동물은 한결같이 두 눈이 한 쌍으로 전면에 위치합니다. 먹잇감을 찾아내고 추

적하는데 두 눈을 이용하면 유리하기 때문입니다. 빛을 모으고, 대상을 구별하여, 정확하게 초점을 맞춰, 추적하는 메커니즘이 두 눈이 있어서 가능합니다. 반면, 먹잇감은 머리 옆면에 눈이 달려있습니다. 옆이나 뒤에서 몰래 접근하는 포식자를 주변시로 항상 감시해야 하기 때문입니다. 인류가 수렵과 채집에 의존할 때 이러한 포식자로서의 시력의 존적 특징은 생존에 중요했습니다. 문명사회에서 인간은 더는 생계를 위해 사냥하지는 않습니다만, 우리는 오감 중 여전히 시각에 가장 크게 의존합니다. 왜 그럴까요? 맛을 보거나 만지기 위해서는 대상과 직접 접촉해야 하고, 냄새를 맡거나 듣기 위해서는 대상에서 일정 거리 이상 떨어져서는 안 됩니다. 하지만, 우리의 시각은 상대적으로 거리와 공간의 제약에서 크게 자유롭습니다. 시야가 트여만 있다면, 산으로, 들로, 바다로 우리의 시야가 미치지 않는 곳은 없습니다. 천체망원경만 있다면, 시야는 우주까지 닿습니다. 시각세포가 우리 몸의 감각수용체의 70%나 차지한답니다. 연인들이 키스할 때 서로 집중하려면 눈을 감을 수밖에 없는 이유입니다.

후각은 어떨까요? 이 책은 오감 중 후각만큼 우리에게 오래 남는 것은 없다고 진술합니다. 냄새는 땅속에 묻힌 지뢰와 같다는 비유가 재미있습니다. 지뢰가 오랜 세월 수풀이 우거진 땅속에 묻혀 있다가 밟으면 터지듯, 냄새는 오랜 세월과 경험이 켜켜이 쌓인 우리의 기억 속에 묻혀 있다가 냄새라는 뇌관을 건드리면 기억은 단번에 폭발하게 되고 갇혀있던 복잡한 비전들이 모습을 드러냅니다. 우리의 시각은 빛이 충분할 때만, 청각은 소리가 충분히 클 때만, 미각은 입속에 무엇인가가 들어올 때만, 촉각은 만져질 때만 가능하지만, 후각은 코가 열려있는 한 호흡마다 작동합니다. 눈을 감으면 다만 볼 수 없고, 귀를 막으면 다

만 들을 수 없지만, 코를 막고 냄새 맡는 것은 멈춘다면? 바로 죽음입니다. 어원적으로 호흡은 중립적이지 않습니다. 애커만의 표현을 빌리자면, 호흡은 '요리된 공기'입니다. 우리 몸속 세포에는 용광로가 있어서 우리가 호흡하면, 세상은 우리 몸을 통과하면서 가볍게 숙성되고, 우리에게 의미체로 변형되면서, 다시 세상으로 돌아갑니다.

나무인문학자로 알려진 고규홍의 『슈베르트와 나무』라는 책이 있습니다. '시각장애인 피아니스트와 나무인문학자의 아주 특별한 나무 체험'이란 부제에서 보듯, 시각장애인 피아니스트인 김예지와 작가가 함께 나무를 느끼는 방식에 대해 일 년 동안 체험한 기록입니다. 작가는 이십여 년에 가까운 시절을 나무에 관심을 두고 나무를 관찰하고 기록하고 나무와 더불어 살아왔지만, '눈으로 본 나무와 눈으로 보지 않은 나무는 서로 어떻게 다른지 알고 싶어서' 시각이 아닌 다른 감각으로 대상을 접근하는 사람과 함께 나무 바라보기를 시도합니다.

이 과정을 통해 작가는 시각 의존이 얼마나 단편적이고 제한적이고 오류투성이인지를 깨닫게 됩니다. 김예지는 시각을 활용하지 못하는 대신 다른 감각을 활용하여 대상의 총체성과 구체성을 파악합니다. 그러다 보니 작가가 전혀 생각지 못했던 부분까지도 파악해 냅니다. 더욱 중요한 것은 김예지가 나무에 접근하는 태도입니다. 대상 하나하나를 향해 시간을 갖고 세심한 관심과 정성으로 대합니다. 모든 감각은 그 자체로 한계를 지니며, 한 감각에 지나치게 의존하고 신뢰를 보내면 대상을 향한 세심한 관심과 정성이 깃들지 못하고 건성으로 대하게 됩니다. 자연을 이해하는데 있어서 시각이든 청각이든 감각 활동에서 중요한 것은 대상을 얼마나 알려 하는가 하는 관심과 대상에 대한 성의가 가장 기본적인 전제가 되어야 한다는 점입니다. 시각을 이용하든, 청각, 촉각, 후각을 이용하든 대상에 대해 관심도 없고 성의도 들이지 않는다면 우리는 대상에 대해 단편적인 이해에 머물수 밖에 없습니다.

이 봄에, 자연의 성찬을 즐기실 준비가 되셨나요?

'나의 햇볕을 가리지 말라'
한해살이 식물

숲속 햇살은 양보하세요.

봄기운에 가벼워진 마음으로 바우길 4구간 '사천둑방길'을 걷습니다. 백두대간 아랫자락에 자리 잡은 명주군왕릉에서 출발하여 굽이굽이 숲을 통과하여 해살이 마을과 한과로 유명한 사천 과즐마을을 지나 너른 평야의 둑을 따라 사천해변에 이르는 구간입니다. 왕릉을 출발하여 이내 들어서는 약 5km에 달하는 숲은 아름드리 금강송 군락으로 걷는 것만으로도 마음이 커집니다. 숲길이 끝나면서 백두대간 동쪽 경사면이 마무리되는 낮은 산기슭 비탈진 자드락에 자리 잡은 마을이 나타납니다. '해살이 마을'입니다. 마을 앞으로 너른 평야 지대가 펼쳐져 있으니 궁벽한 두메 마을은 아닙니다. 백두대간 자락이 마을을 병풍처럼 에두르는 햇볕이 참 잘 드는 곳입니다. 말 그대로 '해살이 마을'입니다. 이 마을은 원래 사기 막사발을 만들던 움막이 많아 사그막 또는 사기막이라고 불렸던 곳이었답니다. 지금도 토박이들은 사기막리 마을이라 부릅니다.

'해살이 마을.' 참 밝고 정감이 가는 이름이 아닐 수 없습니다. 바우길 걷기 전부터 이 마을의 이름은 들어봤습니다. 농촌체험 프로그램과 개두릅 축제 등을 통해 지역의 소규모 마을치고는 외부에 제법 알려진 곳입니다. 마을 이름만으로도 마음이 끌려 언젠가는 '해살이 마을'의 모습을 직접 찾아가 보고 싶었습니다. 궁금증에 우선 마을 이름 유래를 찾아보니, 마을 곳곳에서 자라던 창포에서 유래되었습니다. 창포는 볕이 들기만 하면 잘 자란다 하여 해살이 풀로 불렸답니다. 창포는 또한 여러 증상에 사용되던 약초로 치료에 해답이 된다 하여 '해답이 풀'로도 불렸습니다.

'해살이 마을' 하면 봄 한 철 살다가 사라지는 한해살이풀이 자연스럽게 연결됩니다. 해살이 마을까지 이어진 숲길에서 한해살이풀과 꽃들이 유난히 눈에 들어온 것도 그런 이유가 아닐까 싶습니다. '해살이'라는 같은 낱말이어서 그럴까요? 한 철만 살다가 사라지는 풀을 우리는 흔히 한해살이풀이라 부릅니다. 이때의 '해'는 '한 철' 내지는 일년생을 의미하며, 한 절기나 한 해가 태양의 움직임과 변화를 기준으로 삼기 때문에 '한해살이'의 '해'는 태양과 관계있습니다. '해살이 마을'의 '해' 역시도 태양의 볕을 의미합니다. 어머니 품처럼 백두대간 자락에 아늑하게 안겨 따뜻한 햇볕이 내리쬐는 해살이 마을을 떠올리면, 따뜻한 봄 햇빛 잘 드는 들판 여기저기에 피어있는 한해살이 꽃들이 자연스럽게 연상되는 이유입니다.

모든 식물이 그렇지만, 사실 봄 한 철 살이 식물은 생존을 위해 햇볕을 가장 잘 활용합니다. 초봄의 숲에서 이들 식물이 발견되는 곳은 대개 숲 바닥입니다. 숲에는 아직은 땅바닥까지 내리쬐는 햇볕을 차단

할 나뭇잎이나 가지와 같은 방해물이 생기기 이전입니다. 숲속에서는 봄 '한철 살이' 식물은 아주 분주합니다. 자신보다 키 큰 식물과 나무들이 잎을 피우기 이전에 생장의 과정을 다 마쳐야 하기 때문이지요. 한껏 펼친 잎의 기공을 통해 이산화탄소를 게걸스럽게 빨아들이고 광합성을 통해 영양분으로 바꾸기 위해서는 한순간의 햇볕도 놓칠 여유가 없습니다. 색깔과 향기는 어떻고요. 초봄 꽃은 제한된 시간 내에 열매를 맺기 위해 벌과 나비를 유혹하고 이를 천연색으로 치장하고 진한 향기를 내뿜습니다. 이른 봄꽃의 색깔과 향기가 유난히 진한 것은 이와 같은 이유라고 합니다.

그러니, 특히 봄 숲길 산행에서는 자연에 예를 갖추는 마음이 필요합니다. 숲길을 따라 한해살이 꽃들이 모습을 드러내면, 자신에게 물어볼 일입니다. 향수와 화장은 너무 진한 것은 아닌지. 벌과 나비의 관심을 꽃에서 빼앗아 오지 말아야죠. 숲길을 걷다가 잠시 쉴 때도 주변을 둘러볼 일입니다. 혹시 자신이 식물에게 햇빛을 가리고 있는 것은 아닌지요. '당신이 햇빛을 가로막고 있으니 옆으로 좀 비켜주시오.' 알렉산더 대왕에게 무심하게 건넨 디오게네스만의 요청은 아닙니다.

이 봄, 숲속에 들어가면 식물이 누려야 할 디오게네스의 권리를 헤아리면 참 좋겠습니다.

걷다가 이끼를 보거든

이끼가 자연의 찌꺼기일까요?

3월 초순입니다. 바깥 공기는 여전히 쌀쌀합니다. 영동지방은 봄에 바람이 많고, 바람 속에도 날 선 가시가 박혀있습니다. 자연 속을 걷는 것은 따뜻하거나 더운 날씨보다는 이런 날이 오히려 더 쾌적합니다. 숲속이나 계곡에서 자연이 서서히 켜는 기지개에 나의 몸과 정신이 쾌활해지는 것도 이때입니다.

오늘은 대관령 옛길을 따라 바우길 구간을 오릅니다. 이 구간은 산정상에서 아래로 내려오는 길입니다만, 강릉에서 접근하기는 올라가는 것이 편합니다. 대관령 박물관 초입에서부터 주막을 지나 중간 지점까지 사람길과 물길이 나란히 갑니다. 햇빛이 들지 않는 북사면에는 여전히 잔설이 보이고 계곡에도 여기저기 얼음이 구들장처럼 덮여있습니다. 나무들은 푸른 싹을 내보낼 준비로 안에서만 바쁘지, 줄기에도 잔가지에도 초록의 싹은 보이질 않습니다. 바닥에도 겨울을 푸르게 견뎌낸 조리대를 제외하고는 푸르른 생명의 모습은 드러나지 않고 있습니다.

자세히보면, 계곡에서는 눈과 얼음이 녹기 시작하면서 숲의 지난했던 겨울잠을 일깨우고 있습니다. 바야흐로 산골짝에 얼음이 풀리고 땅은 봄 내음을 토해내는 해토머리입니다. 눈 녹아 흐르는 골 물소리가 시리도록 상큼한 계곡을 따라가다 보면 물 위로 솟아난 바위에 푸름이 언뜻언뜻 눈에 띄곤 합니다. 반가운 마음으로 다가 가보면 이끼입니다. 겨우내 바위에 바싹 붙어 생기를 잃고 말라비틀어진 이끼는 영락없이 죽은 듯 보입니다. 그러다가 초봄, 눈 녹은 물에 몸을 적시고 대기의 구름 알갱이와 기운을 빨아들여 따뜻한 햇볕으로 몸을 덥히게 되면, 어느 틈에 몸은 탱탱해지고 초록의 싱그러운 자태를 갖춥니다. 아직은 모든 것이 회갈색인 숲속에서 이끼만이 초록을 입기 때문에 더욱 기운차고 생기 있게 보입니다. "이끼의 몸은 구름의 에너지를 흡수"한다고 『숲에서 우주를 보다』에서 데이비드 해스컬이 시적으로 표현한 말이 수긍이 갑니다.

버들개지가 봄의 전령사로 사랑받지만, 실은 이끼가 먼저 봄 기지개를 켭니다. '이끼는 진화의 찌꺼기'라고 흔히들 생각합니다. 그래서 그런지 우리는 이끼를 하찮게 여기고 눈길을 주지 않는 경향이 있습니다. 하지만, 현생 식물의 퇴화결과물이 아니라, 이끼는 애초부터 이끼로서 독자적으로 진화했다는 점을 식물학자들이 밝혀냈습니다. 이끼가 진화의 찌꺼기라는 인식이 오류이듯, 이끼를 하찮게 여기는 경향 역시 자연에 대한 무지에서 비롯된 인식 오류입니다.

숲속의 이끼는 건강한 자연생태계 유지와 쾌적한 인간 삶에 대단히 중요한 역할을 한다고 알려져 있습니다. 이끼는 뿌리가 없으므로 몸 안으로 물을 빨아들여 몸속에 빵빵하게 물을 가둬둡니다. 동시에 표면

1 자연·생태 배움의 길

장력을 이용하여 자신의 몸의 10배나 되는 양의 물을 표면에 매달아둡니다. 이끼를 자세히 관찰해보면 몸 바깥으로 물을 매달고 있는 모습이 쉽게 보입니다. 이렇게 저장된 물은 스스로 건기를 이겨내는 방식이며 동시에 주변 생태계에 수분을 공급해줌으로써 생태계를 건강하게 유지시켜 줍니다. 물과 영양분을 뿌리를 통해 받아들이는 대다수 식물과는 달리 뿌리가 없는 이끼는 대신 영양분을 대기 중에서 얻습니다. 공기 중에 섞여 떠다니거나 물에 녹아 있는 인체에 해로운 중금속의 오염물질도 이끼는 한껏 빨아들여 자신의 몸속에서 정화시킨 뒤 깨끗한 산소로 되돌려줍니다. 물론, 이끼가 이런 일을 인간을 위해서 하는 것은 아닙니다. 자신의 몸에 필요한 무기질을 섭취하기 위한 행동일 뿐입니다만, 결과적으로 인간에게 유익한 일이 됩니다. 6월 하순 장마가 끝나는 시점에서 계곡을 찾으면 불어난 계곡물을 한껏 머금고 탱탱해진 이끼의 자태를 제대로 감상할 수 있습니다.

이끼의 정화능력이 실제로 정책 결정에 반영된 예도 있습니다. 뉴욕시는 9백만 시민의 식수원이 점점 더 오염되자 댐을 건설하여 새로운 식수원 확보 계획을 추진하였습니다. 하지만 애초의 계획을 변경하여 기존의 주요 식수원인 캐스킬 산맥 일대의 자연생태계 보호와 보전을 강화하는 방향으로 정책 결정을 했습니다. 캐스킬 산맥을 보호하기로 한 이유는 이곳의 숲과 깊은 계곡에 널리 번져있는 수많은 이끼의 자정능력을 깨달았기 때문입니다. 2017년 여름의 일입니다.

자연계에서 이끼가 어머니같은 존재이듯, 초봄에 피는 매화도 '어머니 꽃'이라는 별칭을 갖고 있습니다. 그 춥고 어두운 긴 겨울을 이겨내고 아직 삭풍이 매서운 초봄에 꽃을 피워내는 강인한 생태가, 가지를 뚝 꺾어 아무 데나 심어도 그 자리에서 뿌리는 내리는 생명력이, 우리의 어머니를 닮아서 그런답니다. '梅一生寒不賣香'(매일생한불매향). 문인화 매화 그림에 자주 등장하는 화제입니다. '일생을 추위에 떨어도 매화는 자신의 향기를 팔지 않는다.' 우리네 어머니들의 모습입니다.

올 초봄, 계곡에서는 이끼가, 동네어귀에서는 매화가 앞장서서 봄소식을 알립니다. 눈얼음 속에서도 그 기품을 잃지 않고 있습니다. 이끼와 매화를 보면서 마음이 많이많이 아려옵니다. 올해 초 돌아가신 어머님 모습이 자꾸만 겹치기 때문입니다.

숲에서 한눈팔기

초봄 숲에 들어서면 한눈을 파세요.

초봄임에도 바우길 숲에는 적지 않은 꽃들이 자리 잡고 있습니다. 이른 봄 숲속 꽃은 앞만 보고 서둘러 가는 발걸음에는 잡히지 않습니다. 걸음 폭을 좁히고 속도를 늦추면서 자세를 낮춰 좌우로 한눈을 파는 경우에만 그 청초한 모습을 드러냅니다. 꽃이 매우 작기 때문입니다. 초봄 숲속에서 발견되는 대표적인 꽃으로 노루귀가 있습니다. 흰색, 분홍색, 자주색 등등, 다양한 색상을 보이는 참 예쁜 꽃입니다. 모진 겨울을 버티고 힘겹게 피어난 노루귀를 발견할 때마다 자연을 향한 경외감이 일어납니다.

4월 초순 아침, 지인들과 함께 동해안 바닷가를 따라 소나무 숲길을 걸었습니다. 소나무 사이로 보이는 에메랄드빛 바다 색에 눈이 호강했고, 바다에서 잔잔하게 불어오는 해풍에 실린 알싸한 바다 내음에 코가 시원했고, 파도에 얹혀 함께 둔주곡을 만들어 내는 솔바람 소리에 귀가 편안했습니다. 눈코귀가 호사를 누리니 다들 발걸음도 덩달아 가

뿐해져 활기차게 걷습니다. 저만 뒤 쳐져 걸으면서 한눈을 팔았습니다. 오솔길 옆으로 자꾸자꾸 눈길을 주었습니다. 운이 좋았습니다. 한 구역에 산재해 있는 노루귀를 만났습니다. 흰색과 자주색 노루귀가 낱개로 그리고 서너 개씩 모여서 아침 햇살에 피어나고 있었습니다. 얼마나 반갑던지요. 노루귀는 숲에서 바쁘게 걷는 사람들에게는 모습을 드러내지 않습니다. 숲 바닥 낙엽 사이에서 작은 몸집을 숫접게 내밀고 있기 때문입니다.

제가 일행과 뒤 쳐져 한 눈판 이유와 노루귀를 발견하고 기뻤던 이유는 얼마 전에 읽은 책에 소개된 노루귀 모습 때문이었습니다. 생물학자 데이비드 해스컬은 동틀 무렵에 마주친 노루귀의 개화 모습을 경이에 찬 마음으로 목격하고 세세하게 그려냅니다. 인용합니다.

> 오늘 아침의 노루귀 줄기는 우아한 물음표 모양이다. 아직 잔털이 남아 있다. 물음표 끝에 꼭 닫힌 꽃봉오리가 매달렸다. 꽃은 다소곳하게 고개를 숙였다 … 동이 트고 한 시간이 지나자 꽃봉오리가 열린다. 꽃받침 조각이 세 개 펼쳐졌는데, 속에 세 개가 더 있다. 꽃받침 조각이 자주색으로 물든다 … 줄기가 곧게 펴진다. 이제는 물음표가 아니라 느낌표다. 꽃받침 조각이 넓게 펴져 세상을 향해 짙은 자주빛을 발한다 … 느낌표는 필기체로 바뀐다. 줄기가 약간 뒤로 기울어지면서 꽃의 앞면이 위로 들려 나를 정면으로 바라본다. 하늘을 향한 줄기의 아치는 봄이 가져다준 해방과 축하를 나타내기에 걸맞은 포즈다
> - 『숲에서 우주를 보다』, 77~78p

이 노루귀의 '느리고 품위 있는 동작'은 무려 세 시간에 걸쳐 진

행됩니다. 이러니 노루귀의 개화하는 모습은 더더욱 우리의 뻣뻣한 몸과 태도를 용납하지 않습니다. 무릎을 꿇거나 엎드려 눈높이를 맞춰도 그 속도가 너무나 느리게 진행되기 때문에 그 신비한 모습이 우리의 뇌와 마음의 속도와 엇박자 날 수밖에 없습니다. 노루귀의 여유 있고 품위 있는 동작에 우리의 속도를 맞춰 보는 것은 무리겠지만, 노루귀는 적어도 우리의 삶과 행동, 생체리듬, 생각이 바쁘게 돌아가는 일상생활을 뒤돌아보게 해줍니다.

노루귀에서 우리는 주어진 조건을 이용하는 지혜도 배우게 됩니다. 바로 노루귀 줄기를 덮고 있는 가는 털입니다. 노루귀는 가는 털을 온몸에 감싸 추위를 견딥니다. 이른 봄에 피는 대부분 꽃이 나름의 방식으로 초봄의 생존에 불리한 환경을 극복합니다. 선자령 바우길 섶에서 만나는 앉은부채는 꽃을 피울 때 활발한 대사 작용을 통해 열에너지를 만들어 추위를 견딥니다. 집광판처럼 생긴 꽃 모양을 가진 복수초는 해바라기처럼 해를 따라 돌면서 추위를 견딘다고 합니다.

노루귀는 우리의 삶에 대해 말없이 재고시켜줄 뿐만 아니라, 자연에 대한 인간의 관점에 대해서도 돌아보게 해줍니다. 이른 봄, 잎이 말려 나오고 털이 돋는 모습이 마치 노루귀 같다고 해서 꽃 이름이 되었습니다. 노루귀의 학명은 헤파티카('Hepatica')로 '간'을 일컫는 라틴어 '헤파티쿠스'에서 유래했습니다. 영어식 이름이 '간엽'(liverleaf)인 이유입니다. 동양에서만이 아니라 서양에서도 식물은 치료제로 활용되어 왔습니다. 과학이 체계를 갖추기 전에는 식물의 형태와 색깔에서 약효를 유추하고 그에 따라 이름을 붙이는 소위 '서명이론'이 이 점을 잘 말해줍니다. 노루귀의 라틴명이나 영어명칭에 '간'이 들어간 것은 꽃잎이 간 모양과 유사하고 색깔도 자줏빛의 간 색깔과 유사한 이유로 보입니다. 이에 근거하여 노루귀는 간 질환 치료제로 이용되었다고 하지요. 동양에서도 노루귀가 간 기능 회복에 효과가 있다고 알려진 것을 보면, 자연을 이용하던 방식은 동양이나 서양이나 별 차이가 없었던 듯합니다.

송재학 시인은 노루귀의 분홍을 겨울 숲이 울고 있는 흔적, 흰색을 벗어나려는 격렬함으로 시상 처리하고 있습니다.

> 겨울 노루귀 안에 몇 개의 방이 준비되어 있음을 아는지 흰색은 햇빛을 따라간 질서이지만 그 무채색마저 분홍과의 망설임에 속한다. 분홍은 흰색을 벗어나려는 격렬함이다. 노루귀는 흰 꽃잎에 무거운 추를 달았던 것, 분홍이 아니라도 무엇인가 노루귀를 건드렸다면 노루귀는 몇 세대를 거듭해서 다른 꽃을 피웠을 것이다. 더욱이 분홍이라니! 분홍은 병의 깊이, 분홍은 육체가 생기기 시작한 겨울 숲이 울고 있는 흔적, 분홍은 또

다른 감각에 도달하고픈 노루귀의 비밀이다
-「흰색과 분홍의 차이」, 송재학 시인

제게는 노루귀에서 그런 비장감은 느껴지지 않습니다. 자연의 색에는 인간의 관점에서의 희로애락이나 감각이 담겨있지 않습니다. 자연은 생존을 위한 자체의 섭리대로 그저 그럴 뿐. 저도 그저 그렇게 바라볼 뿐입니다.

자연 탐사와 디지털 유용성
자연 경험과 과학기술, 한 배를 타다

날씨가 따뜻해지면 자연에 나서는 몸과 마음이 가벼워 집니다. 발걸음도 가볍고, 복장도 가볍고, 살랑거리는 마음도 가볍습니다. 제게는 이러한 가벼움 말고도 또 다른 가벼움이 반갑습니다. 다름 아닌 디지털 기술입니다. 예전에 바우길을 나설 때면 꽃 도감이나 나무 도감을 꼭 챙기곤 했습니다. 걷다가 마주치는 꽃과 식물, 나무의 이름이 궁금했고 익히기 위해서였습니다. 자연이 제게 환경인문학적 탐구의 주제가 되면서부터는 식물이 단순한 호기심을 넘어 관찰의 대상이 되었기 때문입니다. 나무나 식물을 탐구하는 자연과학자가 아닌 서양의 문학을 전공하는 영문학자인 제가 자연의 모습과 생태에 보다 진지한 태도를 갖게 된 계기가 있습니다.

여러 해 전 안식년을 보냈던 미국대학에서 제 스폰서 역할을 해주었던 셰릴 글롯펠티 교수 덕분이었습니다. '문학과 환경'이란 세부 전공으로 미국 영문학 분야에서 최초로 교수에 임용된 분입니다. 이 분야의 개척자인 셈입니다. 1년의 안식년을 보내는 동안 글롯펠티 교수와는 매주 금요일 점심시간을 이용하여 각자 준비해온 샌드위치를 먹으면서

둘만의 '캐쥬얼 세미나'를 가졌습니다. 말이 세미나지 학문과 세상사, 각자의 삶과 관심을 주제로 한 대화 시간이었습니다. 봄 학기가 시작되는 1월 말부터 3월까지는 글롯펠티 교수의 연구실이나 제게 배당해준 연구실, 아니면 학교 카페테리아가 만남 장소가 되었습니다.

날이 따뜻해지는 4월 첫 주가 되자 이제부터는 학교 인근 야산으로 나가자고 제안합니다. 그곳은 피크닉테이블도 있고 간단한 산책 코스도 있어서 가벼운 마음으로 샌드위치 하나 준비해서 '봄 소풍' 기분으로 따라나섰습니다. 글롯펠티 교수는 복장부터 피크닉 분위기는 아니었습니다. 등산화에 반바지 차림, 배낭을 둘러맨 모습이 전형적인 내셔널 지오그래픽 자연 탐사 복장이었습니다. 아니나 다를까 주차장에 차를 세워두고 야산의 초입부터 길 좌우를 살피기 시작합니다. 어느새 그녀의 손에는 두툼한 식물도감과 메모장이 들려있습니다. '오, 마이' 하더니, 제게 길옆 식물을 가리킵니다. 식물의 이름을 말해주면서 지난 주말 자신이 다녀갈 때 목격하지 못했던 식물이라고 부연합니다. 식물도감을 찾아 확인합니다. 그리곤 노트에 식물의 모습을 스케치하고 특징을 기록하고 날짜와 이름을 적어 둡니다. 영락없는 식물학자의 태도입니다.

제가 한 방 제대로 얻어맞은 느낌이었습니다. 문학생태학 전공자로서 제겐 '생태'보다는 '문학'에 여전히 방점이 찍혀있었습니다. 그러다 보니 실재 자연에 대한 관찰보다는 문학작품을 통해 드러난 자연의 이미지와 인간과 자연 관계에 대한 윤리적, 철학적 인식이 학문적 탐구의 대상이었습니다. 실질적인 자연 사물에 대해 자연과학적 접근과 이해는 '나'의 주제가 아닌 것으로 애써 눈감아왔기 때문입니다. 그 뒤로 글롯펠티 교수와 야외 미팅을 가질 때면 저도 준비한 식물도감과 마련한 노트를 챙겨 들기 시작했습니다. 처음에는 어색하고 흉내에 불과했습니다만, 시간이 지나면서 제법 몸에 익숙해졌습니다.

그 뒤로 자연으로 나갈 때마다 도감을 챙겨갔던 것은 아닙니다. 챙기는 것을 잊기도 하고 매번 식물을 확인하는 것도 번거롭기도 해서였습니다. 또한, 자연을 사진에 담는 작업을 시작하면서 사진장비만으로도 무게가 만만치 않기 때문이기도 했습니다. 요즈음은 다시 식물을 확인하는 빈도가 잦아졌습니다. 제가 부지런해진 것이 아니라 스마트폰 앱 덕분입니다. 놀라운 기능의 스마트폰 앱이 넘쳐나고 있지만, 꽃과 식물의 이름을 알려주는 앱이 여간 유용하지 않습니다. 바우길을 걷다가 익숙하지만 정작 이름을 모르는 식물을 만나거나 전혀 생소한 식물을 만나면 바로 그 자리에서 사진을 찍어 앱에 올리면, 몇 초 만에 식물의 이름뿐만 아니라 식생까지도 바로 앱에 올라옵니다. 앱만 있는 것이 아닙니다. 네이버나 다음에도 그런 기능이 있습니다. 정말 편리한 세상이 맞긴 합니다.

실은, 약간의 불안감도 있습니다. 과연 디지털에의 지나친 의존이 바람직한지 하는 의구심입니다. 저 개인적인 성향이 아날로그이어서 그런지도 모릅니다. 내비게이션이 가져다준 편리함은 저 역시도 부인할 수 없습니다만, 내비게이션에의 전적인 의존으로 방향감각이 둔해지지 않았다고 장담할 수 없습니다. 마찬가지로, 식물의 이름과 특징을 스마트폰에 의존하는 습관에 젖게 되면, 자연에서 마주치는 식물을 자세히 관찰하고 감상, 관조하는 습성이 줄어들 수 있다는 우려가 들지 않을 수 없습니다. 더불어, 이들 식물의 이름을 애써서 외우려고 하는 노력도 사라질지 모릅니다. 그때그때 즉석에서 스마트폰으로 이름을 확인하면 될 테니까요.

그렇다고 디지털과 아날로그 중 양자택일의 문제는 아닙니다. 다만, 디지털과 아날로그, 둘 다를 상보적으로 활용하는 지혜가 필요하겠습니다.

돌다리도 두드려보자
경포습지와 가시연

가시연을 만나보셨나요?

바우길 코스가 닿는 곳은 나름 멋진 경관을 뽐내거나 역사인문학적 가치를 지닌 곳이 많습니다. 이 중 제게 정감이 많이 가는 곳 중 하나가 경포습지입니다. 쉽게 접근할 수 있고 산책하기 좋기 때문에도 자주 찾습니다. 사계절 각기 다른 풍광은 또 다른 매력입니다. 겨울이면 다양한 철새가 찾아오고, 봄이면 경포호를 둘러싼 벚꽃과 습지 입구의 탐스런 불두화와 유채꽃, 여름이면 조성된 연꽃단지에 가득한 연꽃과 습지의 고혹적인 가시연, 가을이면 길 따라 코스모스가 만개합니다. 제게 경포습지가 의미 있는 또 다른 이유는 지자체 차원의 습지복원이란 쉽지 않은 결정과 노력의 결과이기 때문입니다. 강릉에 20년 넘게 살아오면서 한 시민으로서 경포습지 복원을 자랑스럽게 여기고 있습니다.

경포습지의 백미는 가시연이 아닐까 합니다. 이곳의 가시연은 인간의 노력과 자연의 경이를 잘 담아내고 있습니다. 습지복원 자료에 따르면, 경포일대는 애초에 둘레가 12km에 달하는 큰 호수였습니다. 강

1 자연·생태 배움의 길

릉원주대 인근의 '호수/늪의 끝자락 동네'라는 의미의 지변동이라는 마을 이름이 이를 잘 말해줍니다. 조선 후기에 농업생산력을 높이기 위해 이 호수의 늪지가 농토로 개간되면서 늪지가 줄어든 것이지요. 인근의 송정동이나 포남동은 새로운 농토를 일구는데 필요한 일꾼들이 정착하면서 새로 생겨난 마을이랍니다. 1960, 70년대 새마을 운동의 식량 자급증산 정책으로 경포호로 유입되던 하천은 물길이 끊기고 경포호 주변 나머지 습지도 결국 농경지로 탈바꿈합니다. 이때부터 대관령 자락에서 내려오는 물길이 끊기고 바다로 통하는 물 순환 고리가 단절되면서 호수는 지속적인 오염에 시달리게 됩니다.

강릉시가 '저탄소녹색시범도시'로 선정되면서 습지복원사업이 2009년부터 진행되었습니다. 호수 주변 농경지를 습지로 되돌려 놓는 큰 사업입니다. 습지복원 과정에서 1960년대 이후 사라졌던 자생식물인 가시연이 발견되었고 가시연의 서식에 가장 적합한 환경이 복원됨으로써 가시연이 다시 발화하기 시작한 것입니다. 줄기와 잎, 꽃에 가시가 돋는다 하여 '가시연'이라는 이름으로 불리는 이 식물은 멸종위기 2급으로 분류될 만큼 귀한 존재입니다. 일반 연과는 달리 물에 착 달라붙은 채로 잎을 내고 커다란 잎을 뚫고 올라오는 가시 돋은 긴 꽃대를 바라보는 것만으로도 자연의 신비를 경험합니다. 7~8월에 볼 수 있는 밝은 자주색의 가시연꽃은 낮에만 개화하고 밤이면 꽃잎을 닫습니다. 꽃을 보여주는 기간은 겨우 3일밖에 안 되니 오직 관심을 기울이며 발품을 팔아 찾아오는 사람에게만 그 우아한 자태를 드러냅니다.

가시연의 생태는 한 마디로 '돌다리도 두드려 보자'는 태도를 보입니다. 자신의 생육환경에 맞을 경우에만 발아하고 꽃을 피웁니다. 물의 온도와 깨끗한 정도, 기타 생육에 관여되는 조건 중 하나라도 맞지

않으면 구근 상태로 그저 땅속에 인내하며 기다립니다. 옛 경포습지의 땅속 깊숙이에서 미동도 하지 않고 50여 년의 세월을 기다린 것을 보면 자연의 시간대는 인간의 시간대로는 가늠하기가 어렵습니다. 워낙 까다롭고 신중한 식물이다 보니 다른 곳에 옮겨심는 것도 어려운 것으로 알려져 있습니다.

경포가 습지로 재조성되고 애초의 습지생태계가 복원되면서 가시연 말고도 다른 동식물도 다시 찾아오고 있습니다. 1급 보호종인 수달이 대표적입니다. 현재 3쌍의 수달이 이곳 습지를 서식지로 삼고 있다는 보고가 있습니다. 운이 좋으면 수달 가족을 볼 수도 있습니다만, 이들을 놀라게 해서는 안 되겠지요. 삵도 서식하는 것으로 알려졌지만 쉽게 목격되진 않는 듯합니다. 습지복원 후 쇠뜸부기사촌, 물꿩, 호사도요 같은 조류도 새롭게 목격되고 있다고 합니다.

습지복원 노력은 여전히 진행형입니다. 경포습지 가시연 집단 서식지에서 일반 연을 제거하고 연뿌리가 들어오지 못하도록 격막을 설치했다니 앞으로 가시연을 더 많이 볼 수 있을 것으로 기대됩니다. 순포습지도 준공되었습니다. 바우길 5구간 '바다호수길'을 따라 경포를 지나 사천 방향으로 가다 보면 도로 건너 왼쪽에 새로 복원된 습지가 보입니다. 7년간에 걸친 복원사업으로 이곳에서는 수십 년의 세월을 지탱하고 있던 매토종자인 순채(순나물)의 생존을 확인하고 복원과정에 있다고 합니다.

이들 습지복원 소식만큼이나 자연생태를 소중히 여기는 우리의 생각과 마음도 복원되기를 기대해 봅니다.

자연의 지혜
가을 야생화

누가 누구에게 고개를 낮출까요.

가을 산을 찾아 울긋불긋 단풍에 온갖 시선과 마음을 빼앗기다가, 외형적인 아름다움이 시들해질 무렵이면 낙엽이 주는 쓸쓸한 감정이 대신 마음을 차지합니다. 낙엽을 보며 자신의 인생을 돌아보게 된다는 점에서 쓸쓸한 느낌이 나쁘지만은 않습니다. 허허한 마음이 너무 오래 가면 안 되겠지만요. 날씨도 몸도 마음도 헐거워짐이 부담으로 전해질 때가 바로 길가나 양지바른 공터에 눈길을 줄 때입니다. 그곳에는 우리의 마음을 어루만져 줄 가을 야생화가 우리의 시선을 기다리고 있습니다.

선자령풍차길, 안반데기운유길, 산우에 바닷길과 같은 능선길이나, 국민의 숲길, 대관령옛길, 어명을 받은 소나무길과 같은 숲길, 풍호연가길, 굴산사 가는 길, 사천 둑방길 같은 벌판을 가로지르는 들 길, 주문진가는길, 바다호숫길, 헌화로 산책길과 같은 바다에 연한 길, 그 어느 바우길을 걸어도 가을엔 영락없이 가을꽃이 늘비합니다. 가을=단풍, 봄=꽃이 공식처럼 되어있지만, 봄 못지않게 가을에도 다양한 꽃

이 있다는 점이 우리에겐 익숙지 않습니다. 하지만 조금만 주의해서 보면 그 사실을 단박에 알아차립니다.

흔히 가을꽃 하면 들국화가 자동으로 떠오릅니다. 엄밀히 말해 '들국화'란 이름을 가진 국화는 없답니다. 다만, 비슷비슷한 모양과 향기를 지닌 국화과의 꽃들이 참 많습니다. 구분하기조차 힘듭니다. 식물도감을 찾아 국화꽃 모양의 이름을 확인해 봅니다. 개쑥부쟁이, 단양쑥부쟁이, 흰까실쑥부쟁이, 구절초, 가는잎구절초, 한라구절초, 낙동구절초, 감국, 산국, 해국 등등. 이 중 우리 주변에서 가장 흔하게 발견되는 것은 개쑥부쟁이입니다. 식물학자들이야 각각의 모양과 생태적 특성을 구분하여 분류하겠지만, 저는 그냥 싸잡아서 '들국화'라고 부르는 것이 편합니다. "내가 그의 이름을 불러주었을 때, 그는 나에게로 와서 꽃이 되었다"라는 어느 시인의 구절은 이들 각각의 국화과 꽃에는 적용되기 어렵습니다. '들국화'하고 불러서 내게 반응하지 않아도 상관없습니다. 내가 다가가면 되니까요. 진정으로 사랑하고 아끼는 대상이라면 내세로 오기를 바라는 것보다는 내가 다가가는 것이 당연하겠지요.

가을 야생화에서 드러나는 특징의 하나는 색이 진하다는 점입니다. 식물학자들은 두 가지로 설명합니다. 하나는 청명한 가을 햇살에는 안토시아닌 색소를 발달시키는 자외선이 많이 포함되어 있어서 양지바른 곳에 자라는 야생화는 색이 진하고 화려하다고 합니다. 고도가 높은 곳에서 꽃의 색상이 더욱 진하고 선명한 이유입니다. 공기층이 얇아 투과되는 자외선이 강하기 때문입니다. 미국에서 지낼 때, 시에라네바다 산맥의 일부를 이루는 데솔레이션 윌더니스에서 진행된 9일간의 하이킹 일정에 참여한 적이 있습니다. 이곳 지명을 문자 그대로 '황량한 황야'로 판단하면 오해하기에 십상입니다. 철저한 자연생태 보호구역으로 인공물은 전혀 없으며 보디빌더들의 근육을 연상시키는 화강암으로 이루어진 고산지대입니다. 맑고 투명한 호수들과 시원하게 뻗은 전나무 숲, 어미 곰과 새끼 곰이 한가롭게 어슬렁거릴 듯한 푸른 초원으로 구성된 대단히 멋진 곳입니다. 이곳은 평균 높이가 2천 미터가 넘는 곳으로, 하이킹 구간에 3천 미터에 달하는 산도 있습니다. 제가 제일 놀랐던 점은 산 정상 부근의 넓은 평지에 끝없이 이어진 야생화 군락이었습니다. 이 높이에 이렇게 화려한 색상의 꽃들이 지천으로 깔려있으리라고는 전혀 상상도 못 했습니다. 선홍빛의 인디언페인트브러쉬, 날렵한 자태의 진홍색 슈팅스타, 가녀린 모습의 투명한 노란색 마운틴멍키

플라워, 진노랑의 층층이 루파인 등등 백화제방의 모습 하나하나가 지금도 제 기억 속에 선명하게 남아 있습니다. 자외선이 강한 높은 고도에서 자라고 있었기 때문입니다.

　가을꽃은 색상이 진하고 화려하며 향까지 진한 또 다른 이유는 꽃가루받이 때문이라고 합니다. 가을이면 꽃가루받이를 담당하는 곤충들도 따뜻한 곳으로 날아가던지, 동면을 준비해야 할 시기입니다. 그래서 가을꽃은 겨울이 오기 전에 꽃가루받이를 서둘러야 하니 조급할 수밖에 없지요. 짧은 시간 내에 빠른 꽃가루받이를 위해 곤충을 진한 색깔로 유인하든지 아니면 진한 향으로 유인할 수밖에 없습니다. 진한 색깔과 진한 향만으로는 불안한 모양입니다. 꽃가루받이의 확률을 높이기 위해 가을꽃이 선택한 것은 집단개화입니다. 가을꽃 중 유독 무리 지어 집단으로 개화하는 꽃이 많은 이유입니다. 봄과 여름에 피는 꽃과는 달리 가을에 개화하는 꽃 중에서 큰 꽃은 거의 보이지 않습니다. 대개 비

숱한 키 높이를 가진 작은 꽃들이 무리를 지어 개화합니다. 꿀도 조금씩만 만들어 생존에 필요한 에너지를 아끼면서 동시에 수분 곤충들은 꿀을 모으기 위해 무리지은 이꽃 저꽃으로 옮겨다니도록 유도하는 합동작전입니다. 실제로 무리 지어 개화한 가을꽃 사이로 벌들이 무시로 들락거리는 모습을 볼 수 있습니다.

이 가을, 화사한 단풍으로 들뜬 마음이 낙엽으로 가라앉을 성 싶으면, '들국화'를 보고 위로 받고 생존을 위한 들국화의 겸손한 지혜에 경의를 표하는 것은 어떨는지요.

자연,
어떻게 바라보아야 할까?

보톨도 지오바니를 아시나요?

지오바니는 미켈란젤로에게 올바른 예술 행위의 목적을 인도해 준 스승입니다. 미켈란젤로가 14살이 되었을 때입니다. 문하생이 되기 위해 찾아온 그에게서 놀라운 재능을 본 지오바니는 소년 미켈란젤로를 데리고 두 군데를 구경시켜 주었습니다. 한 곳은 향락장이고 다른 한 곳은 성당이었습니다. 두 곳 모두 아름다운 조각으로 장식되어 있었습니다. 미켈란젤로에게 묻습니다. "너는 어느 곳의 조각상이 아름다우냐?" "저는 두 곳의 조각상 모두 아름답습니다"는 대답에 스승은 다음과 같이 말합니다. "두 곳의 조각상 모두 같은 장인에 의해 만들어졌지만, 하나는 하나님의 영광을 위해서 쓰였고, 또 하나는 술 마시고 즐기는 육체의 쾌락을 위해서 세워졌단다. 너는 네 기술과 재능을 무엇을 위하여 쓰기를 원하느냐?" 스승의 질문은 미켈란젤로에겐 예술가로서 평생의 나침반이자 교훈이 되었습니다.

범인인 우리의 삶과 이 세상의 존재 의미는 누가 안내해주고 경험시켜줄까요? 자신이 믿는 종교 교리와 신, 부모님, 스승, 위대한 사상가, 친구, 구글, 네이버 등등 다양한 대답이 있겠지요. 우리가 자연을 찾아 나서는 행위도 답을 찾기 위한 것은 아닌지 생각해봅니다. 먼 거리를 마다하지 않고 주말을 이용하여 단체로 혹은 개인 단위로 바우길을 걷는 사람들을 볼 때마다 떠오르는 질문입니다. 왜 자연을 찾아 발걸음을 옮겼나요? 저 자신에게도 가끔 던져보는 질문입니다. 지연을 걸으면서 철학적 명제를 떠올렸던 소요학파나 자연에서 종교적 심성을 발견했던 낭만파 예술가들이 있었지만, 우리 일반인들은 자연에 나서면서도 철학적인 명제를 짊어지고 가지는 않습니다. '진지하게 검토하지 않는 삶은 살만한 가치가 없다'고 소크라테스는 경고합니다. 하지만 어떻게 매순간 진지한 삶을 살수 있겠습니까. 우리는 일상에서 특별한 이유나 동기 없이 결정을 내리고 행동을 취하고 나서 의도하지 않은 보상이 따르는 경험을 하기도 합니다. 제 경우 바우길 하이킹이 그렇습니다. 글거리와 사진걸이를 목적으로 나서는 경우가 태반이었지만, 작정하고 '생각 없이' 그저 바우길에 나서는 경우 예기치 못한 경험을 하기도 합니다.

바우길을 걸으며 마음을 열어두고 대하는 자연에서 신비로움을 느끼는 경험입니다. 이른 아침 해안가 솔숲 발치에서 밤새 오므렸던 자주색 꽃받침을 서서히 펼치는 노루귀, 심스테파노길을 걷다가 마주치는 거대한 바위에 뿌리를 내린 소나무 고목, 5월 봄 바닷길을 걸으면서 목격하는 에메랄드빛 봄 바다, 이른 봄 그늘진 대관령 비탈 눈을 뚫고 모습을 내비치는 노란 복수초, 밤 나비를 유혹하기 위해 달빛이 차는 시간에 개화하는 달맞이꽃, 곤충을 유혹하기 위해 꽃 안에 정교한 문양을 그려 놓은 솔붓꽃 등등. 대개는 우연히 그리고 열린 마음의 눈에 들어오는 소소한 경우입니다. 왜 우리는 이러한 것을 '자연의 신비'라고

이름 붙일까요? 인간중심적 사고와 시각을 자연에 적용하기 때문입니다. 우리의 사고와 시각에서 벗어나는 것은 '신비로움'으로 여깁니다.

　'자연의 신비'를 경험하게 되면 또 다른 질문이 들게 됩니다. 자연은 왜, 어떻게 존재하는가? 자연에도 존재의 목적이 있는가? 흔히 자연 존재의 유목적성에 대해 말할 때, 신중심주의나 인간중심주의가 개입합니다. 기독교에서는 자연은 신의 창조물로서 신의 권능의 표상, 섭리의 구현체가 됩니다. 계몽주의적 합리론과 경험론이 기독교 교리와 합성된 이신론에서 자연은 신의 존재, 신의 능력이 구체적인 현상으로 현현된 존재가 됩니다. 산업혁명과 더불어 자연은 인간의 복지와 문명발전의 도구로 전락합니다. 서구에서는 자연은 스스로 존재하는 문자 그대로의 '자연'이었던 적은 거의 없었습니다.

　물론 자연을 '자연'으로 파악했던 일부 위대한 과학자들은 과학으로서의 자연을 탐구하면서 과학적 이치와 합리성을 넘어서는 자연 이

치의 신비로움과 경이로움을 발견하고 역으로 자연을 통해 신 혹은 '절대자'의 존재에 대해 생각이 미치기도 합니다. 뉴턴은 자연의 법칙을 신의 존재의 증거로 삼았으며, 무신론자인 아인슈타인은 거대한 우주질서를 접하고는 '절대자'의 존재를 인정하지 않을 수 없었습니다. 얼마 전 부산에서 열린 소규모 세미나에서 영장류학자이자 유전체 정보 분야의 저명한 교수의 초청강연을 들었습니다. 발표와 지정토론이 끝나고 참석자들과 '대화'가 이어졌습니다. '교수님은 연구를 진행하면서 자연현상과 원리에서 자연과학적 차원을 넘어서는 신비로운 점을 체험해보신 적이 있는지요? 이러한 체험을 통해 혹시 신 혹은 절대자의 존재를 느껴본 적은 있으신지요?' 학술세미나장에서 이 예상치 못했던 '비과학적' 질문에 발표자는 당혹감이 역력했습니다. 어떻게 답을 해야 할지 잠시 망설인 뒤 담담하게 답변합니다. '저는 과학자로서 연구하고 결과를 산출하고 발표합니다. 저는 무신론자입니다. 자연을 탐구하는 것은 순전히 과학자의 입장과 관점에서 합니다. 신이 개입할 여지는 없습니다.' 그의 대답은 여기까지가 아니었습니다. 또다시 망설임이 이어집니다. 곧이어 긴장이 풀어진 안색과 대화체 목소리로 말을 이어갑니다. '솔직히 말씀드리자면, 과학적으로 규명되지 않는 놀라운 현상을 접하면서 때로는 '도대체 누가 이걸 조정하지?'란 의문이 드는 때도 적지 않습니다. 예를 들어, 침팬지와 인간이 99%의 같은 유전자를 공유하면서도 놀라운 차이를 만들어 내는 선택적 유전체의 합성 원리는 여전히 과학적으로는 규명되지 않고 있습니다. 솔직히 절대자에 의해 조합이 이뤄지고 있다는 생각이 들지 않을 수 없습니다.'

    자연의 신비를 이해하기 위해서는 전문적인 지식이 필요하겠지만, 그리고 전문적인 과학적 지식으로도 여전히 신비로운 현상을 밝혀

내지 못하고 있지만, 우리 일반인들로서는 자연의 신비를 '이해'보다는 마음으로 '느껴보는' 것으로 충분하지 않을까 합니다. 여기에는 깊은 지식이 필요하지 않습니다. 자연을 내 안으로 끌고 들어와 보는 것이 아니라 자연을 '자연'으로 받아들이고 겸손한 마음으로 느끼면 됩니다. 길을 걷다가 우리의 시선을 끄는 소소한 자연 존재의 모습과 형태, 색상, 향기를 대하면 어린이의 마음으로 '와!'하고 감탄하면 됩니다. 자연을 대하는 겸손한 마음에만 자연의 '신비'가 모습을 드러냅니다.

가을 숲의 대비

참나무만 한 '참' 나무가 있을까요.

가을이 오면 특히 자주 찾는 곳은 대관령 일대의 숲입니다. 이곳 숲길을 걷다보면 나뭇잎 색이 달라졌고 숲 속이 밝아졌다는 사실에서 계절 변화를 실감하게 됩니다. 사실 '국민의 숲길'이나 대관령 옛길처럼 나무가 우거진 숲길은 한여름엔 대낮에도 좀 어둡게 느껴집니다. 여름에는 잎이 물기를 가득 담고 있어서 잎에 닿은 햇빛이 투과되지 못하고 반사되고 산란되면서 숲 바닥까지 미치지 못해서 그렇습니다. 이런 숲조차도 가을이 되면서 헐렁해지고 밝아집니다. 나뭇잎 세포 속의 물질들이 분해되고 물이 빠져나가면서 잎이 얇아지고 투명해지기 때문입니다. 나무로 보자면 그래야 겨울에 동해를 입지 않습니다. 그 헐거워진 틈으로 햇빛이 숲속까지 미치게 됩니다.

여름에서 가을로 절기가 바뀌면서 침엽수와 활엽수의 대비가 두드러지게 되는 이유도 여기에 있습니다. 여름에는 모든 나무가 푸른색을 띠지만, 가을이 되면서 활엽수 잎에서 물이 빠지고 엽록소만 남게

되어 노란, 빨간, 갈색으로 변합니다. 침엽수의 녹색과 대비가 두드러지게 됩니다. 대관령 일대에서 침엽수와 활엽수를 대표하는 수종은 소나무와 참나무입니다. 사실 소나무는 추운 곳에서 잘 자라고 빛을 필요로 하는 양수인 반면, 참나무는 따뜻한 곳을 좋아하고 음지를 좋아하는 음수라고 합니다. 언뜻 보면 성질이 정반대여서 산의 양지와 음지에서 각각 자리 잡고 사이좋게 공존을 꾀할 듯하지만, 성장과 생존을 위해 빛이 필요한 만큼 두 나무는 햇빛을 선점하기 위해 경쟁합니다. 활엽수가 넓은 잎을 이용하여 햇볕을 많이 차지함으로써 침엽수보다 유리합니다. 침엽수와 활엽수가 함께 있는 산을 지속적으로 관찰해보면 소나무가 참나무에 밀려 산 위로 쫓겨 가는 형국입니다.

　침엽수이면서 가을에 잎 색이 노랗게 변하고 결국에는 잎을 떨어뜨리는 나무가 있습니다. 바로 낙엽송입니다. 원래 이름이 '일본잎갈나무'라는 데서 알 수 있듯이 일본이 원산지입니다. 곧게 그리고 빨리 자라는 수종으로, 목재는 결이 고와 강원도 일대에 많이 조림되어 있습니다. 가을에 영동고속도로를 타고 가다 보면 고속도로 양옆으로 노란 잎의 자태를 뽐내고 있는 낙엽송 군락이 쉽게 식별됩니다. 지난번 태백산이 국립공원으로 승격되면서 관리공단에서 낙엽송을 베어내고 우리나라 수종으로 대체하려는 움직임이 있었습니다. 단지, 낙엽송이 일본에서 들여왔다는 이유에서입니다. 당연히 찬반논쟁이 일었습니다. 명분론과 현실론의 대립이었습니다.

커피가 아랍 문명에서 유럽으로 전해질 때 비슷한 논쟁이 일었습니다. 1600년대 커피가 이슬람권에서 기독교 국가인 이탈리아로 전해지고 이탈리아인들의 입맛을 사로잡게 됩니다. 이를 둘러싸고 커피 애호가들과 배척자들 사이에 논쟁과 대립이 일어났습니다. 배척자들은 이교도인 이슬람교도들의 음료를 받아들여서는 안 된다는 논리였고, 애호가들은 개인의 선택 문제라고 맞섰습니다. 대립이 사회적 갈등으로 발전하자 중재에 나선 교황 우르바누스 8세는 다음과 같이 맛깔스러운 판결을 내려 대립에 종지부를 찍습니다. "이렇게 맛있는 음료를 이슬람교도들만 독점하게 할 수는 없다." 낙엽송에도 똑같은 논리를 적용할 수 있지 않을까요? "이렇게 멋지고 유용한 나무를 일본만 독점하게 할 수는 없다"고요.

우리 문화에서는 전통적으로 침엽수 혹은 상록수를 활엽수보다 더 '우월'한 나무로 간주해 온 듯합니다. 특히, 침엽수의 대표적인 수종인 소나무는 한국문화에서는 특별한 위치를 점해왔고 예로부터 문인화의 소재로 가장 선호되었습니다. 한국에서 가장 흔한 수종이면서 인간이 지녀야 할 덕성—예를 들어, 절개, 인내, 의연함, 등등—을 상징하고 있다는 이유에서입니다. 주로 유교적 덕목이지요. 소나무 자체의 생태적 특성에 대한 존중보다는 그 특성을 이념화시킨 것입니다. 김훈은 〈세한도〉에 나오는 '이념화 된' 소나무를 보면서, 자기 몸을 찌르는 것 같다고 표현합니다. 그 나무들은 시간의 흐름으로부터 벗어난, 계절의 생로병사가 돌지 않는 절대 공간의 나무들이라는 것입니다. 제가 소나무를 소재로 한 그림이나 사진을 보면서 갖는 생각이기도 합니다. 인간으로 비유하자면 피와 살이 제거되고 단지 형상화된 이미지만 남은 존재라고 느껴집니다.

　실재의 소나무, 저는 참 좋습니다. 특히 강릉에는 소나무 고장인 '솔향'이라는 이름값대로 기품 있고 멋들어진 형상의 소나무들이 많습니다. 대관령 자락의 아름드리의 금강송 군락에 들어서면 경외감마저 듭니다. 바우길이 닿은 곳이면 어느 곳이든 기품있는 소나무를 만날 수 있습니다. 소나무 못지않게 저는 활엽수의 대표 수종인 참나무에도 애착이 갑니다. 외형만으로 보면 소나무에 한참 뒤집니다. 낙엽 역시 타닌으로 인해 우중충한 갈색을 띠니 가을 단풍시절이면 화려한 색상을 자랑하는 다른 활엽수에 가려 기를 펼 수가 없습니다. 얼마 전 참나무, 아니 그 열매인 도토리가 국민적 관심사를 끌었던 적이 있습니다. 우리 몸에서 독소를 제거한다는 소위 디톡스에 국민적 관심이 유행처럼 몰리면서 도토리묵이 디톡스에 가장 좋은 식품으로 알려졌기 때문입니다. 물론 저도 도토리묵을 좋아합니다. 맛으로 먹기보다는 어려서 저의 어머니를 떠올리며 묵이 되기까지의 만든 사람의 수고와 노력, 정성이 감사해서 먹습니다. 제가 참나무에 애착을 갖는 데는 생태학적 이유도 있습니다. 알고보니 참나무는 자연에 순응할 줄 알고 지혜로운 나무

입니다. 식물학자들은 숲 단위로 이루어지는 참나무의 조절기작에 주목합니다. 예를 들어, 숲의 나무들은 숲에서 서식하는 동물들의 밀도를 조절하기 위해 집단으로 행동한다고 합니다. 숲속에 서식하는 동물의 개체 수가 수용한계를 넘어서면 열매 생산을 적게 함으로써 개체 수를 조절합니다. 숲에 서식하는 나무들은 서로 다른 종이라 하더라도 이와 같은 결실주기에 동참한답니다. 이를 '심리적 동조 현상'이라고 표현합니다. 나무들 사이의 심리적 동조 현상이 어떻게 이루어지는지는 여전히 과학적으로 규명되지 않고 있다고 합니다.

참, 참나무의 정식 이름은 신갈나무입니다만, 누가 이 나무에 '참'나무라는 이름을 지어줬을까요? 삶이 여의치 않았던 시절, 신갈나무는 도토리라는 열매로 먹거리를 제공하였고, 단단하고 화력이 좋은 재질로 인해 최적의 땔감으로 서민들의 생활에 없어서는 안 될 꼭 필요한 나무였기 때문이었을 것으로 추정됩니다. 여기에 자연 순응과 생태학적 지혜를 보여주는 점 또한 '참'나무로 불릴 이유로 추가해야 할 것 같습니다.

지난 겨울도 이 참나무 장작 덕분에 참 따뜻한 겨울을 나게 되었습니다. 저 개인적으로도 참, 고마운 '참' 나무입니다.

새는 새다
경포호수의 철새 바라보기

차마 카메라 가방을 열 수가 없었습니다.

철새의 모습을 카메라에 담을 심산으로 오늘 아침 경포호 옆, 경포호수 광장과 경포천 사이에 있는 조그마한 호수를 한 바퀴 느린 걸음으로 걸었습니다. 사진은커녕 카메라조차 꺼내지 못했습니다. 조심조심 다가간 쇠기러기와 눈이 마주치는 순간, 쇠기러기가 놀라서 육중한 몸을 다급하게 날아가는 모습이 참 미안했습니다.

생각지도 못한 곳에 정감이 가는 숨겨진 곳들을 우연히 발견하고는 마음이 부자가 된 느낌을 경험했던 적이 있을 겁니다. 제게는 바로 이 조그마한 호수가 그랬습니다. 강릉으로 이사 온 뒤로 어린아이들을 데리고 경포호수를 자주 찾았지만, 우리 가족의 발걸음은 경포호수 둘레길에만 머물렀지 그 당시 작은 호수의 존재조차도 알지 못했습니다. 지금은 이 작은 호수 둘레로 사람들이 다닐수 있도록 데크가 놓여있지만, 당시에는 주변으로 큰 나무들이 우거지고 접근로조차 잘 갖추어져 있지 않아서였습니다. 이 호수와 경포호 사이의 소나무 숲은 철조망으로 둘러

싸였던 접근금지 구역이었습니다.

　이 호수의 존재를 알게 된 것은 그 뒤로 몇 년이 지나서였습니다. 새가 매개체였습니다. 여느 때처럼 인근에서 산책 중에 적지 않은 새떼들이 이곳 창공으로 들고나는 것을 목격하면서 궁금증이 유발되었고, 결국 잔가지들을 헤집고 접근하게 되었습니다. 사람의 발길이 닿지 않은 듯 보이는 작은 호수가 모습을 드러냈습니다. 물 위로, 호수 주변 억새밭으로, 호수 중앙의 조그만 섬에, 주변 나무 위로 온갖 종류의 새들이 유유자적하던 모습이 당시 제겐 충격으로 다가왔습니다. 호수의 정경도 그렇지만, 주말이면 즐겨 찾던 경포호 지척에 이런 곳이 있었다는 사실을 몇 년 동안 알지 못했다는 사실 때문이기도 했습니다. 물론 당시에 지역 사람들은 이곳 호수가 있다는 사실을 대개는 알고 있었겠지만, 제게는 새로운 세계를 만난 듯 신비의 장소로 여겨졌습니다.

　10월부터 이곳에는 철새들이 모여듭니다. 새롭게 조성된 경포습지 덕에 주변에 먹이가 풍부해져 예전보다 더 많은 철새가 찾아옵니다. 오늘 아침에 목격한 철새만도 적지 않았습니다. 호수 주변 소나무에 여기저기 웅크리고 앉아있는 쇠기러기, 사이좋게 잔잔한 아침 물살을 가르는 쌍쌍의 원앙새, 일렬로 물 위로 전진하는 뺨부위가 흰털로 덮여 이름 붙여진 흰뺨검둥오리, 억새로 가려진 물 위에서 밀회를 즐기는 청둥오리 한 쌍, 날개를 활짝 열고 물 위에 두 발로 서서 뒤뚱거리며 종종걸음 걷는 재미난 모양의 검은머리흰죽지, 작은 체구의 오골계가 물속에 헤엄치는 듯한 모습의 물닭, 고니의 머리를 지니고 먹이를 찾기 위해 연속 자맥질하는 병아리 모양의 논병아리 등등. 아이들의 재롱만 재미를 주는 것이 아니라, 이 새들의 행동을 지켜보는 것도 참 흥미롭습니다.

언제부터인지 우리는 자연 생명체를 있는 그대로 바라보고 이해보다는 자연대상에 우리의 마음과 의지를 투사해 메타포로 이해하는 데 익숙해 있습니다. 창공을 마음대로 날 수 있는 새가 대표적입니다. "머나먼 설산 위를 새 한 마리가 날고 있었다. 새는 항상 나를 어디론가 싣고 간다. 나는 다른 세계로 가고 있는 나를 새에게 맡긴다." 강릉 출신 윤후명 작가의 「대관령의 시」에 나오는 구절입니다. 교통이 불편하던 시절 영동 사람들에게 대관령은 지금보다도 훨씬 높았을 겁니다. 물론 심리적 거리감은 더 멀었을 테지요. 그래서 자유롭게 창공을 날아다니는 새에 기대어 자신이 처한 물리적 거리와 구속을 심리적 자유로 환치시키는 욕망이 더 컸던 것은 아닐는지요. 자연대상에 우리의 바람을 투사시키는 것은 작가적 상상력으로만 가능한 것은 아닙니다. 누구나가 일상적으로 무심코 하는 일이 아니던가요? 빨간 앵두를 보면 여인의 열정적인 입술이, 무지개에는 어린 시절의 순진한 소망이, 소나무에는 한민족의 꺾이지 않는 한의 정서가, 대나무에는 선비의 기개가 투사

1 자연·생태 배움의 길

되어 있습니다. 이러한 은유와 제유에는 대상 자연물의 색상이나 생김새, 생태적 속성이 작동되지만, 결국 자연은 그 자체로서 유의미한 존재라기보다는 인간이 부여한 유의미한 '무엇'의 상징적 투사체로 존재하게 됩니다.

이런 습성으로 인해 우리는 자연을 자연 그대로 보는 일에 익숙하지 않습니다. 저 역시 그랬지만, 몰랐습니다. 제가 생태문학을 연구하면서도 자연은 주로 책 속의 자리 잡은 상징으로서, 그리고 학문적 탐구의 대상으로서 존재했습니다. 자연을 대상으로 사진을 찍으면서도 그랬습니다. 자연대상을 그 자체의 생명체로 이해하고 그 생명체의 관점에서 접근하기보다는 나의 고정된 시각으로 외형적인 모습만을 사진으로 박기에 급급했습니다.

이제는 좀 보입니다. 자연의 생명체 앞에 서면 이제는 천천히 시간을 갖고 무릎으로 다가서는 나를 보게 됩니다. 자연의 생명체를 앞에 두고 이제는 즉각적으로 카메라 가방을 열지 않는 나를 보게 됩니다. 철이 좀 든 것이지요. 자연을 자연 자체로 이해하고 접근할 때, 자연을 존중하고 소중히 여기는 마음이 생기는 것임을 어렴풋이 느껴갑니다. 자연을 내게로 끌어당기기보다는 저 발치에 두고 그대로의 모습을 존중해 주려고 합니다.

그나저나 딜레마입니다. 새의 모습을 카메라에 담긴 담아야 하는데 …

2

평온·위로의 길

봄 바다 빛과 색채심리학

바우길을 따라 걷는 동해의 봄 바다 빛은 心亂(심란)합니다.

오키나와에서였습니다. 바다색에서 처연한 자연사·인간사를 아리게 목격한 것은 예상치 못했던 일입니다. 아열대에 위치한 오키나와 섬은 에메랄드빛 산호바다의 휴양지로 잘 알려져 있습니다. 그곳에서 열린 심포지엄 마지막 날 일정은 산호가 아름다운 바닷가 탐방이었습니다. 버스에서 내리자 전개된 에메랄드빛 바다는 한 폭의 그림 그 자체였습니다. 방파제를 따라 연결된 아주 작은 섬에 올라서니 파노라마로 전개된 바다 빛은 형언하기 어려울 정도로 아름다웠습니다. 내 마음과 눈, 몸의 세포 하나하나에 에메랄드빛이 쏙쏙 스며들어 영화 〈아바타〉의 나비족이 된 느낌이었습니다.

잠시 뒤, 현지 시민단체 대표로부터 오키나와 역사와 현재 벌어지고 있는 상황 설명을 들었습니다. 일본 정부 주도로 이 아름다운 바다가 메워져 미군 전투비행장이 들어설 계획이랍니다. 2차 세계대전부터 지금까지도 오키나와는 자신들의 의사와는 무관하게 정치군사적 패권으로 자연과 주민들의 삶이 크게 영향을 받아온 곳이라는 정도는 인지하고 있던 내용이었지만, 이러한 일이 현재진행형일 줄은 몰랐습니다. 이 계획을 반대하는 오키나와 주민들과 시민단체가 현장에서 천막농성을 이어가고 있었습니다. 두 시간여에 걸친 설명과 질의응답 이후, 학회 참석자들에게 한 시간 정도 부근을 둘러볼 수 있는 자유시간이 주어졌습니다. 저는 마음이 이끄는 대로 다시 방파제를 따라 그 작은 섬 위에 올라 바다를 향해 앉았습니다. 바다의 투명한 에메랄드빛에 들떴던 마음의 거품이 이제는 꺼졌습니다. 바다를 바라보고 있자니 마음이 한없이 가라앉습니다. 눈앞의 바다가 이제는 그냥 '저 바다'가 아닌 오키나와의 운명과 겹치면서 '이 바다'가 되었습니다.

바다를 끼고 있는 강릉에 거주하다 보니, 바우길을 걸을 때든, 가벼운 산책을 할 때든, 멀리서 방문한 지인과 커피를 마시기 위해서든

사계절 내내 바닷가에 나갈 기회가 많습니다. 봄 바다는 바다 색깔 때문에 특히 좋아합니다. 오키나와 바다의 색감까지는 아니더라도 동해의 봄 바다 역시 에메랄드빛으로 물들기 때문입니다. 오키나와에서의 경험 이후에 강릉의 봄 바다를 보면서 가끔은 자문하는 때도 있습니다. 그때 내 마음이 가라앉았던 이유가 오키나와 바다가 처해있던 운명 때문만이었을까 하고요. 동해안의 바다를 완상하면서도 그런 기분이 들 때도 종종 있기 때문입니다.

그래서 생각해 봅니다. 바다로 인해 제 마음이 가라앉았던 것은 더 근원적인 심적 작용의 결과일 수도 있다고요. 색채가 우리의 마음과 감정에 영향을 미친다는 것은 익히 알려진 사실입니다. 학자들은 이를 색채심리학으로 부르기도 합니다. 제가 하는 일이 '학'이어서 일상의 삶에서는 '학'에 갇히지 않으려고 합니다만, 습관에서 벗어나는 일이 쉽지는 않습니다. 색채심리학에 따르면, 바다색인 청색이 주는 감정에는 평온함과 무관심이 있습니다. 혈액형이나 체질에 따른 사람들의 성향 구분에 대해 그냥 재미로만 관심을 두듯, 저는 색채심리학 역시 결정론적인 것으로 받아들이지는 않습니다. 다만, 청색이 평온함과 무관심의 감정을 불러일으킨다는 점에 대해서는 제 경험상 받아들입니다. 감수성이 넘쳐나던 시절 참 좋아했던 괴테도 색채론에 대해 깊숙이 말하면서 청색은 어두운 것을 내포한다고 언급한 점을 보면 더욱 그렇습니다. 제가 오키나와에서 에메랄드빛 바다를 마주하고 들었던 아련했던 마음이 오키나와의 역사와는 또 다른 차원에서 청색으로 인해 우리 인간이 근원적으로 갖게 되는 감정 변화의 결과 일수도 있습니다. 'I'm in blue'란 영어표현이 우울하다는 의미에서 보듯, 청색이 주는 느낌은 어느 정도는 문화를 초월해서 보편성을 띠는 듯 보입니다. 그래서 그럴까요? 바다를 내다보고 사는 사람들의 자살률이 높다는 말이요.

동해 바다는 깊어서 색상 자체만으로도 위협적으로 다가올 때가 있습니다. 겨울에는 특히 그렇습니다. 하지만 봄이 되면 바다는 그야말로 에메랄드빛으로 아주 곱고 여리기까지 합니다. 그래서 봄에는 바우길 구간 중 바다에 연해 있는 구간이 특히나 매력적입니다. 제가 다른 계절보다 봄에 산 바우길보다 바다 바우길로 더 자주 발길을 돌리는 이유이기도 합니다. 안인 해변에서 정동진까지 산 능선을 따라가는 '산우에 바닷길'에서는 해안에서부터 바다 수평선까지 시원하게 펼쳐진 바다가 한눈에 다 들어옵니다. 일망무제. 한눈에 바라볼 수 없을 정도로 아득히 멀고 넓어서 끝이 보이지 않습니다. 정동진역에서 심곡항을 거쳐 우리나라 유일한 해안단구인 헌화로를 따라 옥계시장까지 가는 '헌화로 산책길'역시 바다를 따라 걷기 때문에 봄 바다를 감상하기에 좋습니다. 바우길이 지나는 심곡항에서 정동진 인근까지 바다로 난 절벽에 데크로 조성된 '바다부채길'은 동해의 바다를 가장 가까이에서 안내해 줍니다. 이 외에도 커피거리로 이름난 안목항에서 경포호수를 돌아 사천바닷가까지 해변 솔숲을 따라 걷는 '바다호숫길'도 낭만이 듬뿍 묻어나는 구간입니다. 이 구간은 안목 커피거리 만이 아니라 길을 따라 걷다 보면 다양한 스페셜티 커피숍을 만나게 됩니다. 출발 전 안목에서 커피 한잔으로 머리를 맑게 한 후 걷든지, 걷다가 경포를 지나 사천바닷가 사이에 자리 잡은 이들 커피숍에 들러 긴 걸음에 지쳐 허정거리는 몸과 해진 마음을 커피 한잔으로 다독여주는 것도 바우길에서 누릴 수 있는 호사입니다.

봄 바다의 에메랄드빛을 제대로 만끽하기에는 사천항에서 주문진 해변까지의 '주문진 가는 길' 바우길 구간도 빼놓을 수 없겠지요. 이 구역은 깊이가 완만해서 하얀 백사장에서부터 에메랄드빛이 길게 펼쳐지기 때문입니다. 그래도 봄 바다를 너무 오래 바라보는 것은 삼가야 하겠습니다. '와아'에서 시작하여 '으음'으로 그치시길 권합니다. '아아'의 감정이 나오기 시작하면 얼른 시선을 거두어야겠습니다.

인상주의 화풍과 자연인식

'어둠에서 빛으로'

예술의 전당에서 인상주의 화가 전을 관람했습니다. 3월 중순, 모처럼 햇볕도 따뜻하고 화창해서 날씨가 인상주의 화풍과 어울린다는 생각을 했습니다. 전시를 기획한 큐레이터는 인상주의 풍경화를 한마디로 정리합니다. "어둠에서 빛으로." 핵심을 잘 짚어낸 표현입니다. 인상주의 풍경화는 햇빛의 마술을 이용하여 표현하기 때문입니다.

인상주의 시기에 들어서면 화가들은 자연으로 나섭니다. 화가들은 신고전주의의 답답하고 정적인 실내 아틀리에를 벗어나 자연에서 소재를 발견합니다. 닫힌 공간에 매여있다고 느끼는 순간 광활하게 열린 자연풍경을 동경하듯 말입니다. 인상주의 화가들은 특히 자연에서 빛이 만들어내는 조화와 인상에 눈길과 마음길을 줍니다. 눈이라는 창을 통해 안으로 들어온 생경한 장면과 인상은 마음에서 여과되고 발효, 숙성을 거쳐 농익은 이미지로 화폭에 담깁니다. 이들에게 빛이란 단순히 햇빛만은 아닌 듯합니다. 태초에 빛이 먼저 생겨나고 모든 만물에

뒤이어 나왔듯, 인상주의 화가들에게 빛은 만물의 질서와 조화를 의미합니다. "나는 자연의 법칙과 조화 속에 그림을 그리고 생활하는 것 이외에 다른 운명을 갈망하지 않는다." 클로드 모네의 고백이 그렇습니다.

후기 인상주의 대표적 화가였던 세잔 역시 자신의 그림은 보편적 자연 질서에 대한 믿음의 표현이라고 고백합니다. 세잔에게 풍경화든 정물화든 그림 소재의 외형은 그 자체로는 그리 중요하지 않았습니다. 대상의 본질이 관심사였고 그 본질을 화폭에 옮기는 것이 그에게는 중요했습니다. 그러다 보니 자연을 복잡한 외연보다는 구형이나 원추형, 원통형과 같은 기하학적 구조로 파악합니다. 그가 사과를 정물화 소재로 즐겨 사용한 이유도 사과가 원뿔 모양으로 단순하게 그리기에 안성맞춤이었기 때문이라고 합니다. 인류사를 통해 유명한 3개의 사과가 있습니다. 아담과 이브의 사과, 뉴턴의 사과, 그리고 세잔의 사과가 그것입니다. "평범한 사과는 먹고 싶지만, 세잔이 그린 사과는 껍질을 벗기고 싶지 않다. 또 그저 잘 그리기만 한 사과는 입에 군침을 돌게 할 뿐이지만 세잔의 사과는 마음에 말을 건넨다." 화가이자 미술평론가인 모

리스 드니는 세잔의 사과에서 사물의 본질을 지적합니다.

다른 인상주의 화가들과 마찬가지로 모네나 세잔은 빛의 마술사였지요. 빛이 자연에 만들어낸 장면을 소재로 삼는다는 점에서 사진은 인상주의 화풍을 참 많이 닮아있습니다. 사진이라는 용어인 '포토그라피'가 빛이란 의미의 '포토'와 기록이라는 의미의 '그라피'가 결합한 것만 봐도 그렇죠. 결국 '빛으로 기록한' 결과물이 사진입니다. 사진이 단순한 자연의 현상을 담아내는 기록을 넘어 작품이 되기 위해서는 '빛으로 기록한' 자연의 질서와 조화 및 부조화까지도 이미지로 담아내야 합니다. 인상주의 화가들처럼 자연의 감흥을 주관적으로 해석하고 사진이란 매체를 통해 이미지로 표현하게 됩니다. 그런데 빛의 기록이란 변화무쌍하고 찰나적이며 관찰하는 사람의 주관적 해석에 의존합니다. 그래서 사진은 참 어렵습니다.

바우길을 걷다 보면, 화가의 눈 혹은 사진가의 눈이 아니더라도, 빛이 부리는 마술을 경험하게 됩니다. 걷고 있는 곳이 숲이든 바다든 어디라도 말이지요. 자연의 질서가 햇빛에 의해 유지되는 모습은 이른 봄에 숲에 들어가 보면 드러납니다. 초봄 숲속 양지바른 곳에서 날카로운 바람결에도 야생화가 피어있는 것을 마주하곤 감격했던 경험이 있을 겁니다. 키 작은 식물들은 잎보다 꽃을 먼저 냅니다. 나무들이 잎사귀를 내어 숲으로 들어오는 햇빛을 차단하기 전에 열매를 맺기 위해서입니다. 초봄 숲속의 미약한 식물에도 햇빛은 생명의 원천입니다. 자연의 질서란 형이상학적이거나 철학적, 우주적, 종교적 인식만을 필요로 하는 것은 아닙니다. 숲속 이름 모를 왜소한 야생화에 떨어지는 햇빛이 바로 자연의 조화이자 질서입니다.

'나는 마침내 대기의 진정한 색을 발견했다. 그것은 보라다.' 모네의 말입니다. 보라색은 숭고함과 신비로움, 치유의 색임을 모네는 알았던 것일까요? 파장이 짧아 지상에 내려오기 전에 공중에서 산란되지만, 초봄 숲속 햇살에 비친 공기에서 그 기운만이라도 느껴볼 수 있지 않을까요.

수수미인이 좋아요

찔레꽃이면 어떨까요?

봄 길을 걸으면서 누리는 사치로 꽃향기만 한 것이 있을까요? 매일 아침 일찍 아내와 함께 걷는 집 근처 테라로사의 밤나무 숲 언저리에 여기저기 모둠으로 자리 잡은 찔레꽃 모습과 향이 하루의 시작을 기분 좋게 해줍니다. 소박한 모습에 강하지 않으면서도 진한 품격 있는 향입니다. 아침 이른 시간은 꽃향기를 제대로 음미하기 좋습니다. 아직 상승기류가 만들어지기 전이니 향이 우리 발치에 머물러있기 때문입니다. 이슬비 내리는 날도 좋습니다. 사실 이맘때면 꽃은 모습보다도 향기로 먼저 자신의 존재를 알립니다. 그러니 길을 걸을 때면 눈은 지긋이 뜨고 코를 크게 열어두어야 합니다.

어제는 부슬비가 내려 꽃향기 맡으러 바우길 15구간이 지나는 솔향수목원에 갔습니다. 날씨탓에 시각보다는 후각과 청각이 활발해집니다. 수목원에 들어서자 아니나 다를까 꽃 모습보다도 향기가 먼저 다가왔습니다. 향을 쫓아 걷다 보니 왜성조팝나무가 꽃을 흐드러지게 피

위내고 있습니다. 저기압 때문일까요? 아니면 냄새에 집중해서일까요? 유난히 꽃향기가 진했습니다. 소리만 진동하는 것이 아닌 듯합니다. 그야말로 향기가 진동했습니다. 좀 더 걷다 보니 또 다른 향이 진동합니다. 둘러보았지만 이렇다 할만한 꽃 모습이 보이지 않았습니다. 코에 의지하여 향을 따라 조금 더 올라가니 울타리를 이룬 무성한 잎 사이로 연보랏빛 왜성정향나무 꽃이 수줍게 모습을 드러내고 있습니다.

식물은 자손을 퍼뜨리기 위한 일념으로 온 힘을 다해 꽃을 피웁니다만, 호사를 누리는 것은 우리 인간입니다. 눈과 코와 마음의 호사를 한껏 그것도 공짜로 누리지요. 그러니 꽃이 개화하는 시기의 산행에서는 향기 나는 치장을 삼가는 것은 최소한의 예의입니다. 바우길을 걷다 보면 간혹 저도 모르게 얼굴이 찡그려지는 일이 있습니다. 자연에 의해서가 아니라 사람들에 의해서입니다. 그중에서도 제일 거슬리는 것은 스쳐 지나가는 사람들에게서 풍기는 진한 화장품이나 향수 냄새입니다. 봄이 되면 겨우내 잔뜩 움츠렸던 몸과 마음이 부풀어 오르면서 '봄단장'을 하고 야외로 나가고 싶은 마음이 드는 것은 어쩔 수 없습니다. 다만, 아무리 좋은 화장품이나 향수라도 산에서는 기분 좋은 향기가 아닐 수 있습니다. 산을 찾는 사람에게도 예의가 아닙니다. 봄에 자연에서 맡는 냄새는 참 상큼합니다. 봄철 자연은 땅의 기운과 식물의 기운으로 충만하기 때문입니다. 특히 봄에 산을 찾는 사람들이 살포시 눈을 감고 크게 숨을 들이키며 흡족해하는 표정을 짓는 이유입니다. 우리가 몸에 바르거나 뿌리는 인위적인 냄새보다는 이 자연의 냄새가 훨씬 향기롭습니다.

진한 화장품이나 향수는 자연에 대한 예의는 더더욱 아닙니다. 꽃이 만개하는 봄이면 꽃들은 곤충을 유인하기 위해 온갖 향을 발산합니다. 대개 그 향으로 인해 하이킹하면서 우리의 기분도 덩달아 좋아집니다. 우리 인간이 기분 좋아지라고 꽃이 향기를 내는 것이 아니란 걸 알면서도 우리는 그런 착각에 익숙한 것 같습니다. 향기란 곤충을 유인하려고 식물이 내품는 화학물질이란 것은 다 알고 있습니다. 그런데 매 꽃마다 향이 다른 것은 각자가 원하는 특정 곤충만이 감지할 수 있는 성분의 물질을 만들기 때문이라고 합니다. 잘 살펴보면 흥미로운 점이 있습니다. 향이 진한 꽃은 대개 큰 꽃보다 작은 꽃들입니다. 그것도 흰색 계열입니다. 봄 꽃향기의 대표적인 라일락이나 아카시아, 왜성조팝나무, 쥐똥나무 꽃이 그렇습니다. 밤나무는 어떻고요. 우리 집 주변에 있는 큰 밤나무 농장에서는 5월이면 하얗게 달리는 작은 꽃들이 내뿜는 비릿하면서 야릇한 향은 멀리까지 진동합니다. 에너지가 많이 소모되는 큰 모양과 현란한 색깔 대신 강한 향을 선택한 결과입니다.

    향기를 쫓아 꽃에 날아들어야 할 벌이나 나비와 같은 곤충이 가끔 길을 걷는 사람들에게 따라붙거나 주변에서 윙윙대는 것을 보게 됩니다. 잘못하면 벌에 쏘이는 사태도 벌어집니다. 대개는 화장품이나 향수에 벌을 유인하는 물질과 유사한 것이 들어있기 때문이 아닐까 합니다. 화장품이나 향수에는 인공 향도 들어가지만 많은 경우 자연에서 향을 얻습니다. 우리는 꽃의 현란한 색과 아름다운 자태, 진한 향기에 낭만적인 눈 맞을 즐기고 감탄을 보내지만, 식물은 꽃을 피우고 색을 내고 향기를 발산하기 위해 엄청난 에너지를 쏟아붓는 목숨을 건 몸짓이란 걸 알아야겠습니다. 자손을 번식시키기 위한 일념으로 수분을 해줄 곤충을 유인하기 위해서이지요. 색깔이나 모양으로, 냄새로 치장하고서도 혹시나 곤충의 관심을 끌지 못할까 봐 매 순간 노심초사하는 꽃으

로부터 곤충의 관심을 우리에게로 유인해서는 안 되겠지요. 그래서 봄에 야외로 나갈 때는 자연미인의 모습으로 나서야겠습니다. 자연을 위해서도 그리고 자신의 안전을 위해서도요.

향수하면 왜 장미가 제일 먼저 떠오르는 것일까요? 열정적인 색과 진한 향 때문일까요? 사실 장미만큼 인간의 욕심으로 끊임없이 변화를 겪어온 식물도 흔하지 않다고 합니다. 동서양을 막론하고 사랑과 애정의 징표로 받고 싶은 선물로 여겨지다 보니, '꽃 중의 꽃'인 장미는 끊임없이 개량을 거쳐 왔습니다. 본디 장미라는 꽃은 없다고 합니다. 현재 우리가 보는 장미는 장미 속 식물 개량의 결과랍니다. 본모습이 없고 오직 성형한 '가짜' 모습이 이 꽃의 정체성이 되었네요. 꽃가루받이를 위해 곤충을 유혹하던 향기도 이제는 여성들이 가장 선호하는 향수의 원료가 되었습니다. 1g의 향수를 얻기 위해 장미 2000송이가 필요하다 합니다. 세상의 꽃이 다 사라져도 최후까지 남는 것은 장미일 거라고 합니다. 인간이 저렇게 원하니 말입니다.

장미와 같이 관상용으로 개량된 꽃이 대개 색이 화려하고 모양도 예뻐 오랫동안 지속하여 사랑받아왔습니다. 그런데 제 인상 속에 오랫동안 자리 잡아 온 것은 장미가 아닌 찔레꽃입니다. 어린 시절 고향 집 대숲 가장자리에 찔레꽃이 무더기로 자랐습니다. 봄이 되면 이 찔레꽃 향이 진동했습니다. 참 달콤하면서도 격이 있던 향으로 기억합니다. 이 향 때문이었을까요? 윙윙거리는 꿀벌과 작은 흰 나비들의 틈바구니에서 찔레꽃 아래 둥치에서 돋는 여린 새순을 가시에 찔려가면서 떼어내어 씹던 생각도 납니다. 찔레도 장미 속 식물이니 우리가 보는 다양한 장미 중에서 이 찔레꽃을 개량한 것도 있겠지요.

지하철 입구 노점상에서 구입한 장미 세 송이를 신문지에 둘둘 말아 지금의 아내에게 건네면서 프러포즈했던 생각이 납니다. 지금까지도 그 일이 아내로부터의 핀잔 아닌 핀잔거리가 되었습니다만, 당시에 장미 대신 찔레꽃을 건넸더라면 어땠을까 하는 생각을 종종 해봅니다. 찔레꽃 향에 취해서 후일담으로 입에 오르내리는 일은 없었을 수도 있지 않았을까 하고요. 아내 생일이나 결혼기념일엔 장미 대신 찔레꽃을 선물할 생각은 진작부터 해왔습니다. 이제는 실천해야겠습니다. 오래 전에 봤던 톰 티크베어 감독의 영화 〈향수 – 어느 살인자의 이야기〉 때문만은 아닙니다. 냄새만의 집착이 아닌 찔레꽃의 '꽃격'과 아내의 '인격'이 소중하게 여겨지기 때문입니다.

그런데, 결혼기념일은 8월이고 아내 생일은 10월인데? 꽃 가게에서는 찔레꽃을 구할 수 있겠죠?

커피 카페 노스탤지어

추억 속 커피는 에스프레소 더블샷보다 더 진합니다.

바우길을 걸으면서 덤으로 얻는 것이 있습니다. 커피를 좋아한다면 말이죠. 바로 커피 카페들입니다. 언제부터인지 강릉이 '커피도시'가 되었습니다. 바우길 노상이나 바우길이 지나는 인근에 크고 작은 가맹점과 개인 카페들이 참 많이 들어서 있습니다. 커피를 좋아하는 외지인에게 강릉 하면 커피가 연상되고, 강릉의 커피 하면 보헤미안과 테라로사를 자연히 떠올리게 됩니다. 오래전부터 커피를 좋아했던 아내와 저도 두 곳은 의미 있는 곳입니다. 아니, 그런 곳이었습니다. 커피 노스탤지어입니다.

제 삶에 커피는 필연으로 다가왔습니다. 80년대 말과 90년대 초, 한국에선 다방커피가 유행하던 시절, 미국에서 유학 생활하면서 저를 지탱시켜주었던 것 중 하나가 커피였습니다. 처음에는 빡빡한 공부와 팍팍한 삶을 견뎌내기 위한 필수품으로 마시던 커피가 나중에는 기호품으로 바뀌었습니다. 그 시절 지금의 아내를 만나 함께 지내면서 그렇

게 된 것 같습니다. 주말 장을 보러 가면 들뜬 마음으로 꼭 들르던 곳이 커피 원두 판매대였습니다. 당시에도 미국은 개인별 커피 최다 소비국이었던 만큼 모든 식료잡화점에는 20여 종이 넘는 다양한 커피 원두가 갖춰져 있어서, 매번 각기 다른 커피를 매장 분쇄기에 갈아 집으로 가져오던 즐거움이 있었습니다. 집에 도착하여 밀봉한 봉투를 여는 순간 집안을 가득 채우는 커피 향은 지금도 생생합니다. 당시에는 드립커피란 개념이 없었고 커피추출기로 내려 마시던 때라 맛보다는 오히려 향을 더 즐겼던 것은 아닌가 싶습니다.

커피를 사랑하고 분위기를 즐기던 사람으로서 보헤미안과 테라로사는 저와 아내에겐 참 좋은 곳이었습니다. 우연한 기회에 보헤미안을 먼저 알게 되었습니다. 주문진 인근 영진 바닷가가 내려다보이는 숲속에 소담하게 자리 잡은 곳이었습니다. 처음 방문했을 당시 손님들도 별로 없었고 매장에는 주인장인 박이추선생과 홀에서 서빙하는 아내, 일을 도와주는 아르바이트생이 있었습니다. 바다가 보이는 창가에 자리를 잡고 추천해주시는 커피를 기다립니다. 주인장이 직접 주문받은 커피를 갈아서 내려줍니다. 그동안 그분 아내는 커피잔을 데웁니다. 당시 개념이 없던 때라, 왜 잔을 데우는지 물어보니 커피가 식으면 맛이 덜하다는 대답이었습니다. 깨닫습니다. 프로에겐 사소한 것 하나도 소홀히 하는 법이 없다는 것을요. 커피 맛을 봅니다. 아마도 제 것은 바디감이 풍부한 예멘 모카마타리였고 제 아내는 향이 풍부한 예가체프로 기억합니다. 첫 느낌은 매우 묵직하고 진한 맛이었습니다. 그런데 부드러움이 동반했습니다. 진함과 부드러움의 조화, 이래서 이분이 커피 장인으로 존중받으시는 이유임을 깨닫습니다.

재일교포로서 한국말이 다소 어눌하지만, 대화하다 보니 소박하고 신실한 마음이 전해집니다. 이분의 커피 맛도 마음을 닮은 것은 아닐까 생각했습니다. 제가 직접 커피를 로스팅하고 내려 마시면서도 보헤미안의 커피가 생각나면 가끔은 아내와 함께 그분의 커피로 호사를 누리곤 했습니다. 나중에는 보헤미안이 더욱 알려지면서 매장을 찾는 사람들이 많아졌지만, 커피 내리는 일만은 여전히 선생께서 직접 해주셨습니다. 사천바닷가에 박이추커피공장이란 대형매장이 개장한 후에도 아내와 저는 번잡한 그곳보다는 영진 보헤미안을 가끔 찾습니다. 박이추선생께서 여전히 한마음으로 커피를 손수 내려주시기 때문입니다. 그곳을 찾는 이유를 생각해 봅니다. 당연히 그분의 커피를 마시기 위해서입니다만, 동시에 그분의 장인정신과 한결같은 마음가짐으로 제 마음 역시 고양되기를 바라는 것은 아닌지하고요.

테라로사는 제겐 더한 추억으로 남는 곳입니다. 20여 년 전입니

다. 강릉 시내에서 벗어난 학산이라는 시골에 2층 높이의 '창고'에서 초창기 테라로사가 매장 겸 커피 볶는 시설을 운영할 때 제가 많이 찾았습니다. 그때는 마침 저만 혼자 지내던 시절이어서 학교에 가지 않는 날이나 특히 글이 잘 써지지 않거나 분위기 전환이 필요하면 작업할 것을 바리바리 싸 들고 매장을 찾았습니다. 매장이라야 허름한 농가 헛간과 같은 곳이었습니다. 홀에는 투박한 테이블 몇 개가 놓여있고 낮은 칸막이 너머 큼직한 커피 로스터가 자리 잡고 있었고, 내부 2층 난간에는 커피 자루가 수북이 쌓여있는 것이 전부였습니다. 하지만, 참 제겐 정감이 갔습니다. 좋았던 것은 당시 '커피 투어'라 해서 당시 6천 원인가 7천 원을 내고 4잔의 각기 다른 커피를 즐길 수 있었습니다. 자주 가다 보니, 저를 알아보는 바리스타들은 매니저 몰래 '커피 투어'에 속하지 않은 고급 커피를 내려주기도 하는 호사를 누리기도 했습니다. 제게 제일가는 호사는 음악이었습니다. 널따란 매장공간에 위풍당당한 알텍 스피커가 진공관 앰프에 연결되어 있었습니다. 매장을 찾는 사람들이 많지 않던 때라, 듣고 싶은 CD를 챙겨가서 당당한 음악의 파동이 잔물결을 일으키는 커피를 내려다보며 눈으로 음악을 듣고 소리에 얹혀 공중을 선회하던 커피 향 입자를 귀로 감미하던 시절이었습니다.

참 아이러니합니다. 계획한 것은 아니지만, 제가 땅을 사서 집을 지어 이사한 곳이 테라로사와 도보로 5분 거리입니다. 테라로사도 올봄 기존 매장 앞쪽에 큰 창고형 건물로 매장을 새로 오픈했습니다. 가까우니 자주 갈 수 있습니다만, 지금은 오히려 고객으로 찾는 경우는 드물고 산책길에 지나만 다닙니다. 주말이면 입장하기 위해 번호표를 들고 있을 정도로 찾는 사람들이 많습니다. 옛 매장은 이제는 직원들의 쉼터로 사용됩니다. 기회 되면 옛 정취라도 한 번 더 보고 싶습니다. 남아있다면요. 어찌 됐든, 테라로사는 제겐 또 다른 커피 노스탤지어로 남게 되었습니다.

아내 역시도 커피를 참 좋아해서 우리는 10여 년 전부터 직접 볶아 마시고 있습니다. 매장에 가서 마시거나 원두를 구매해서 마시려니 돈도 돈이지만, 아껴 마셔야 한다는 심리적 위축감이 싫었습니다. 커피는 어차피 기호품입니다. 본인이 좋아하는 것이라면 마음껏 호사를 누리던지, 아니면 아예 접든지 하는 것이 정신건강에 좋다는 것이 제 생각입니다. 아내까지 좋아하니 함께 호사를 누리고 싶었습니다. 커피를 볶고 내리고 대접하는 것은 전적으로 제 몫입니다. 아내도 '제' 커피를 매우 좋아합니다. 그런데, 엉뚱한 불만이 아내로부터 가끔 표출됩니다. '멋진' 카페에서 함께 커피를 마시며 '게으른 행복'을 누리는 기회가 줄었다는 것입니다. 그래서 이제는 그 분위기를 즐기기 위해서 이웃 테라로사나 보헤미안에도 가끔은 나들이하려고 합니다.

유럽의 커피문화는 또 다른 커피 노스탤지어입니다. 우리 사회의 소비재로서의 커피문화를 돌아보게 해주는 커피문화가 유럽에 존재했습니다. 17~18세기 영국의 커피하우스나 18세기 프랑스 살롱문화, 18~19세기 비엔나 카페문화입니다. 당시의 이들 장소는 단지 커피만 즐기던 카페가 아닌, 신분을 초월하여 모든 사람이 뉴스를 공유하고 자유롭게 토론을 벌이며 사회 문제를 논하고 새로운 문화에 대해 진지하게 고민하던 곳이었습니다. 하버마스가 말한 최초의 민주적인 공론장이었습니다. 그곳을 찾던 사람들은 커피를 마시며 공동체의 가치와 문화를 함께 모색했던 곳입니다. 현재 미국 사회에서 '라테 타운'이라 불리는 곳에서 그 정신이 이어지고 있습니다. 현대인들은 온라인상으로

는 서로서로 연결된 사회에 살고 있으면서도 그 어느 시대보다 고립되고 외로운 삶을 살아가면서 공동체적인 가치와 의미에서 멀어지고 있습니다. '제3의 장소'로서의 커피하우스 노스탤지어가 생기는 이유입니다.

오늘 토요일 오후, 아내와 함께 집 주변을 산책합니다. 테라로사를 지나면서 옛 추억이 남아있던 옛 '창고' 매장을 출입문의 작은 창으로 내부를 들여다봅니다. 불 꺼진 공간에는 그 무수한 추억만이 먼지만큼이나 켜켜이 쌓여있습니다. 밤나무 숲을 돌아 주차장 쪽으로 나옵니다. 이미 차들은 그 넓은 주차공간을 가득 채우고 도로 옆에 길게 줄지어 서 있습니다. 누구에게나 특별한 장소가 있겠지만, 그 장소가 옛 모습과 정취 그대로 남기를 바란다는 것은 이기적인 욕심이겠지요. 가능한 선택지도 아니겠지요. 하지만, 각자에게 감동을 선사했던 분위기와 맛, 정취를 추구했던 우리들의 순수했던 마음을 그래도 간직해보는 것은 여전히 의미 있는 일이 아닐까 합니다. 그것이 사치스러운 호사로 보이더라도 말입니다. 더불어, 보헤미안이나 테라로사와 같은 곳이 언젠가는 커피가 단순한 소비재로서만이 아니라 공공선이라는 가치를 중시하는 새로운 공동체 문화를 이끌 '제3의 장소'로서 거듭날 희망을 품어보는 것은 지나친 욕심일까요?

자연의 4계와 베토벤

숫자 4를 좋아하시나요?

4계절이 뚜렷한 우리나라의 자연을 생각하면 4란 수에 감사를 느낍니다. 바우길의 진정한 맛과 멋은 바로 네 절기가 갈마들어 만들어내는 변화에 있다고 해도 과언이 아닙니다. 바우길을 걷다 보면 같은 장소라도 계절마다 자연의 모습이 참 달라 보입니다. 한결같아 보이는 바다의 모습도 절기마다 각기 다른 아우라를 발산하고 절기에 따른 고유의 색상을 띱니다. 한때 강릉에서 동해까지 새벽 기차를 이용한 적이 있습니다. 안인에서부터 정동진까지 바다에 연해서 철길이 나 있어 4계절 바다를 살펴볼 수 있었습니다. 물론 하늘의 색깔과 빛의 각도에 따라 하루 중에도 바다 색깔이 달라집니다만, 계절에 따른 색상의 변화는 미묘하지만 분명합니다. 바다는 기본적으로 빨강이나 황색은 흡수하기 때문에 푸르게 보이지만, 특히 수온 변화에 따라 해수의 투명도가 달라집니다. 늦가을부터 초봄까지 수온이 내려가는 시기에 바다는 깨끗하고 투명한 푸른색이 두드러집니다. 기온 하강에 따른 플랑크톤이 줄어들기 때문입니다. 반대로, 바다 수온이 올라가는 늦봄부터 초가을까지

탁한 푸른색을 띠는 것은 플랑크톤의 수가 증가하여 투명도가 떨어지기 때문입니다. 4계절 중 봄철 에메랄드빛 봄 바다가 사람들을 끌어들이는 이유입니다. 바닷길을 따라가면서 투명한 에메랄드빛 바다를 가까이에서 감상하기에 좋은 안인에서 사천해변까지의 5구간 '바다호숫길'이나 사천항에서 주문진해수욕장까지의 12구간 '주문진 가는 길'에는 봄철에 사람들로 북적입니다. 눈 아래로 광활하게 펼쳐진 초록빛 바다를 감상하기에 좋은 안인에서 정동진까지 바다와 나란히 난 능선을 따라 걷는 8구간 '산우에 바닷길'에도 봄이면 사람들이 많이 찾는 이유입니다.

자연을 그 자체로 놓고 생각해 보면 4는 땅의 완전수입니다. 기본적인 방향도 동서남북의 4방향이고, 절기도 봄여름가을겨울의 4계절이며, 자연계를 구성하는 기본원소도 동서양을 막론하고 예로부터 물,

불, 흙, 공기의 4원소였습니다. 그런데, 사달이 났습니다. 자연에서의 4가 위협을 받게 된 것입니다. 인간의 끝없는 욕망과 무책임한 자연 남용으로 4원소가 오염되고 4계절의 변화에 변고가 생긴 겁니다. 인간 활동의 결과로 인한 지구온난화가 4계절의 질서를 깨뜨리고 있습니다. 이러한 변화는 전문가들의 과학적 연구와 데이터를 통해서만 이해되는 것이 아닙니다. 이제는 우리의 일상에서 이러한 변화를 몸소 겪습니다. 그래서 더욱 불안합니다. 자연에서의 숫자 4에 대한 존중의 마음과 태도를 회복해야 할 이유입니다. 이를 위한 첫걸음은 자연을 향한 겸손한 마음과 자연의 다양성과 자연의 질서를 있는 그대로 이해하고 존중하고자 하는 열린 눈과 마음, 태도입니다. 이런 경우에만 우리가 바우길을 걸으면서 경험하는 산과 숲, 들 그리고 바다가 전해주는 '느낌'과 '감상'의 부수적인 혜택도 누릴 수 있게 됩니다.

음악이란 본래 자연의 소리를 담아내는 것에서 출발했으니, 음악에서도 숫자 4가 기본단위가 된 것은 놀랄만한 일이 아닙니다. 우리가 듣는 대부분 음악은 높은음자리표에 두 파트, 낮은음자리표에 두 파트해서 4성부가 기본입니다. 인간의 목소리도 높은음에서 낮은음 순으로 소프라노, 알토, 테너, 베이스 이렇게 4성부, 인간이 만든 악기 중 가장 아름답다는 비올 가족도 바이올린, 비올라, 첼로, 더블베이스 이렇게 4성부이고 이들 모두 4줄의 현으로 구성됩니다. 클래식 음악에서 가장 완벽한 장르로 인식되는 것도 현악 4중주입니다. 최소의 악기로 최대의 음악적 효과를 얻을 수 있는 편성, 요즈음 유행하는 가성비 최고의 편성으로 음악적 완성도 역시도 다른 편성에 비해 높다고 인식됩니다. 현악4중주의 악기 구성은 기본적으로 제1바이올린, 제2바이올린, 비올라, 첼로의 4개의 악기로 이뤄지며, 곡도 대개는 4악장으로 편성되어 있습니다.

이 대목에서 야론 질버맨 감독의 2012년 영화 〈마지막 4중주〉가 연상되곤 합니다. 이 영화의 4중주단이 연주하는 곡은 베토벤 현악4중주 14번입니다. 베토벤 스스로 현악4중주 가운데 최고로 꼽았고 연주회장에서 감명받은 슈베르트는 죽기 직전 5일 동안 매일 이 곡을 들었다하니 곡 자체만으로도 관심을 끌 만합니다. 이 곡과 관련해서 또 다른 시선을 끄는 점이 있습니다. 현악4중주곡 치고는 연주시간이 40분에 달하는 긴 곡임에도 베토벤은 휴지 없이 연주하라고 악보에 강조해서 지시해 놓았다는 점입니다. 흔히, 연주시간이 긴 현악4중주곡은 중간에 한 번의 짧은 쉼을 갖습니다. 현악4중주곡은 모든 연주자에게 고도의 집중력이 요구되므로, 긴 시간 집중력을 지속하기 어렵기 때문입니다. 이 쉼을 이용해서 연주자들은 악기의 틀어진 음정을 조율도 합니다. 그런데도 작곡가는 이 곡에서만은 휴지없이 연주할 것을 요구했는지 의문을 중심으로 영화는 전개됩니다.

흔히 그렇듯, 작곡가들의 말년의 곡들은 내밀한 자기 고백인 경우가 많습니다. 14번을 포함한 베토벤의 후기 현악4중주곡도 예외가 아닙니다. 건강이 극도로 악화되면서도 베토벤이 매달린 것은 현악4중주곡입니다. 이 곡들에 베토벤은 자기성찰과 세상에 대한 분노와 초월, 인습과 제약에 대한 억눌린 분출, 인간의 한계와 신성을 향한 갈망 등을 담아내고 있다고 알려져 있습니다. 영화 속 푸가 현악4중주단의 모습도 사뭇 이와 같습니다. 스승과 제자, 부부, 옛 애인, 친구 관계로 얽힌 4명의 단원은 지난 25년 동안 최정상의 앙상블을 들려주었습니다. 하지만, 팀의 리더인 첼로 주자 피터가 파킨슨병에 걸리면서 '훌륭한 앙상블'이라는 공동의 추구 아래 그동안 안으로만 쌓여 왔던 단원들 간의 인간적인 욕망과 갈등이 표면으로 드러나게 됩니다. 흥미로운 점은 피터가 은퇴를 선언하면서 고별 연주회로 고른 곡이 베토벤 현악4중주 14번입니다. 연주를 위한 연습과정에서 이들이 깨달은 점은 연주가 진행되면서 점점 조율이 풀리는 악기들이 내는 불협화음을 하나의 화음으로 이끌어가기 위해서는 자신의 소리에만 집중하는 것이 아니라 다른 연주가와의 호흡과 협동이 무엇보다도 중요하다는 점입니다. 이들은 이 깨달음을 통해 상대를 이해할 수 있게 되면서 인간적 갈등도 극복하고, 베토벤의 의도도 이해하게 됩니다. 베토벤이 선사하는 음악을 통한 일종의 '인생 레슨'입니다.

우리 인간과 자연의 관계도 비슷하지 않을까 합니다. 우리는 자연을 대하면서 자연의 모습과 생태 속성, 자연과 우리의 관계에서 드러나는 다면성과 복잡성, 긴장과 갈등을 푸가 4중주단이 그랬듯이, 긴 호흡으로 때로는 자연의 입장과 처지에서 이해하고 바라보면서 자연과 함께 호흡을 맞춰가는 지혜가 필요합니다.

그러고 보니 오늘이 4월 4일입니다.

느림의 미학

'속도 제한 구간'이 차도에만 필요한 것은 아닙니다.

영동고속도로에는 속도 제한 구간이 있습니다. 측정 시작점부터 구간이 끝나는 지점까지의 걸린 시간을 측정하여 평균 속도를 계산하여 과속 여부를 따집니다. 고속도로에 들어서면 대부분 운전자처럼 저도 부지 부식 간에 제한 속도를 초과하여 달리는 경우가 다반사입니다. 굳이 빨리 달려 도착할 이유가 없는데도 말입니다. 고속도로에 직접 차를 몰고 가는 경우는 대개 아내와 함께 이동할 때입니다. 고속도로에서 속도를 높이고 달리는 경우 차분한 대화는 어렵습니다. 장거리 운전에 습관적으로 걸어놓는 CD로 음악 듣는 것도 집중하기 어렵습니다. 속도로 인한 긴장 속에 마음의 여유가 없기 때문입니다. 하지만, 속도 제한 구역에 들어서면 차분하게 운전하게 되니 느림의 대화도 가능해집니다. CD에 담긴 모차르트의 바이올린 소나타에서는 클라라 하스킬의 영롱한 터치에 담긴 피아노의 애잔하면서도 우아한 소리가 아루트르 그뤼미오의 품격 있는 바이올린 소리와 주고받는 대화도 잘 들립니다.

고속도로에만 속도 제한구간이 필요한 것은 아닌 것 같습니다. 주말에 바우길을 걷는 사람들을 보면, 참, 빨리도 그리고 열심히 걷습니다. 그것도 앞만 보고서요. 사람들이 많이 찾는 조붓한 산길에서는 일렬로 걸어야 하니 앞사람 뒤통수나 발아래만 헤아리며 부지런히 발길을 재촉합니다. 문득 궁금해집니다. 자연 속에서 그리 서둘러 걷는 이유가요. 우리의 일상이 대개 닫힌 공간에 붙들려 있다 보니 열린 자연으로 나오면 조금이라도 더 자연풍광을 누리고자 하는 욕구를 갖게 되는 이유 때문인가요? 마치 굶주림을 허겁지겁 채우듯이 말이지요. 멀리서 단체로 온 경우에는 정해진 구간을 주어진 시간 내에 완주해야 하겠지요. 그런데도, 군대 행군하듯 진지하게 열심히 걷는 분들을 보면, 바우길에도 '속도 제한구간'을 지정했으면 하는 생각이 듭니다. 이 구간에서는 걸음 속도와 보폭을 줄이고 함께한 사람들과 여유롭고 차분하게 이야기를 나누면서 걸으면 싶습니다. 함께 온 사람들과 뭉치는 것만이 동행의 전부는 아닙니다. 오히려 자연과의 동행이 때로는 더욱 의미 있습니다. 자연과 눈을 마주치고 자연의 소리를 들으면서 내면의 대화를 나누는 것이 자연을 찾는 보다 근본적인 이유가 되어야 하는 것은 아닐는지요.

좀 더 욕심을 부려 보자면, 바우길에 '침묵의 구간'도 있으면 싶습니다. 동행한 사람들과 이야기를 섞고 마음을 나누는 것도 필요합니다만, 일부 구간에서만큼은 자신과의 대화를 나누는 것도 필요하지 않을까요? 자연 속을 걷다 보면 마음이 정화된다는 소리를 흔히 듣습니다. 피톤치드와 같은 숲이 내뿜는 물질이 우리 몸에 직접 영향을 미치기 때문으로 알려져 있습니다. 하지만, 엉키고 뒤틀린 우리 생각과 마음이 외부 환경 변화만으로 쉽게 정리되는 것은 아닌 듯합니다. 결국, '내'가 주체가 되어 얽힌 매듭은 풀어야 합니다. 동서양을 막론하고 위대한 사상가들과 예술가들이 매일같이 자연 속에서 산책을 즐겼다는 점은 익히 알려져 있습니다. 이들에게 산책은 단순한 신체 운동이라기보다는 정신·사고운동이었습니다. 산책을 통해 생각을 다듬고 새로운 생각을 떠올리는 수단이었습니다. 『걷기의 역사』에서 레베카 솔닛은 이런 말을 합니다. 걷는 신체의 리듬과 생각의 리듬은 함께 간다고요. 이것은 철학자나 예술가에게만 해당하는 이야기가 아닙니다. 제가 미국 서부 시에라네바다 산맥에서 9일 동안 무거운 배낭을 짊어지고 하이킹하면서 가장 먼저 몸으로 체득한 것이 바로 신체 리듬과 생각 리듬의 공조 현상이었습니다. 이 공조 현상 속에서는 잡다한 생각들이 비워지고 엉킨 생각들은 발의 리듬에 맞춰 새로운 방식으로 재정리됨을 경험으로 체득했습니다. 걸음이 흐트러지거나 멈추는 순간 생각도 흐트러지

고 멈추는 것을 경험했습니다.

2019년 봄에 미국에서 발간된 『마인드 인 모션 – 몸의 움직임이 어떻게 생각에 영향을 미치는가』란 저서에서 스탠퍼드 심리학자인 바바라 트버스키는 신체의 움직임과 생각과의 상관관계를 잘 정리해줍니다. 트버스키 이론의 핵심은 생각은 뇌 하나만의 작동이 아니라, 오히려 우리의 신체 움직임과 주변의 관계가 생각을 만들어낸다는 것입니다. 우리는 어려서부터 공간 속에서 주변 환경 및 사물과의 상호작동 속에서 끊임없이 움직이고 행동하며, 이러한 움직임과 행동이 일으키는 자극으로 우리 몸에서는 특정한 느낌이 일어납니다. 이 느낌이 바로 마음과 사고로 이어지게 됩니다. 즉, 신체의 움직임이 특정한 사고를 유발한다는 것입니다. 굳이 트버스키의 심리학 이론을 꺼낼 필요도 없을지 모르겠습니다. 조금만 생각해 보면 우리의 일상생활에서 흔히 벌어지고 있는 일이 아니던가요. '하필이면 이때야'라고 당혹해하던 순간들이 있을 겁니다. 피트니스 센터의 러닝머신에서 한창 달리고 있을 때나, 목욕탕에서 노곤한 몸을 달래고 있을 때, 힘든 몸을 추스르면서 산의 마지막 정상으로 오르고 있을 때, '하필 이때' 그간 고민하던 문제에 기발한 아이디어가 순간적으로 떠오른다던가, 문제해소의 단서가 전혀 생각하지 못했던 방향으로 정리되는 경우를 경험하지 않던가요.

바우길에서도 당연히 이런 경험이 일어납니다. 대신 동행한 사람과 각자이어야 확률이 높아집니다. 우리는 사람들과 함께 있으면서 침묵하는 것을 어색해합니다만, 때로는 침묵도 상대에 대한 배려가 될 수 있습니다. 이러한 배려 속에 동행한 사람들이 각자의 신체와 생각의 공조 현상을 경험할 수 있을 테니까요. 침묵은 동행한 사람들에 대한 배려를 넘어 주변의 등산객들에게, 더 나아가, 자연에 대한 배려가 됩니다. 우리가 자연을 찾아 나서는 것은 자연의 주인으로서가 아닌 손님으로서 입니다. 자연을 '홈'으로 삼고 있는 자연의 주인인 동식물이 초대하지 않은 객들로 인해 평온함이 위협받고 질서가 무너지고 터전이 폐해를 입는다면 초대받지 못한 손님으로서 염치없는 짓이 되겠지요.

    같이 있으면서 침묵해도 전혀 어색함이 들지 않는 상대, 그냥 내 주변에 있는 것만으로도 좋은 사람, 이런 사람과 관계가 오래갑니다. 법정스님 글에 중국 위진남북조 시대 서예로 이름을 날렸던 왕휘지에 대한 이야기가 나옵니다. 書聖(서성)으로 추앙받던 왕희지를 아버지로 두어 명문의 후광을 업고 출세할 수도 있었건만 세속적인 욕심은 없었던 모양입니다. 왕휘지는 평소에도 자연을 벗 삼아 지내다 나중에는 아예 세상을 등지고 깊은 산 속으로 들어갑니다. 그러던 눈 덮인 어느 겨울밤, 푸른 달빛 휘장을 드리운 정취에 취해 문득 친구가 보고 싶어졌습니다. 그길로 밤새 노를 저어 동틀 무렵에 친구 집에 닿았습니다만, 다시 노를 저어 집으로 돌아옵니다. 문을 두드려 잠을 깨우고 아침상을 준비시키는 수고를 끼치기가 미안해서였습니다. 그에겐 보고 싶은 마음 그 자체가 중요했고, 밤새 노를 저으면서 그 마음에 즐거웠던 것입니다.

    왕휘지가 찾아갔던 친구와 같은 사람이 내게도 있을까 생각해 보았습니다. 아니, 나를 그렇게 여기는 왕휘지와 같은 친구가 있을까 생각해 보았습니다. 시도 때도 없이 마구 들어오던 카톡 메시지가 심야에는 조용한 것을 보면, 저를 배려해주는 지인들이 저에게도 있는 것은 아닐까 하는 엉뚱한 생각으로 위안 삼아 봅니다.

단풍,
황혼의 엘레지?

가을엔 마음에도 낙엽이 스치는지요

바우길은 가을이면 헐거워집니다. 바우길 구간 중, 숲과 산으로 난 곳은 더더욱 그렇습니다. 자연의 이치인 것이지요. 대신, 그 공간은 숲과 산을 찾는 사람들로 채워집니다. 대관령 옛길, 선자령 풍차길, 국민의 숲길, 산위의 바다길, 어명을 받은 소나무길, 심스테파노길, 안반데기운유길 등이 가을이면 사람들을 끌어모읍니다. 이번 주말에는 대관령 옛길을 걸으려고 정했다가 차 방향을 내설악으로 돌렸습니다. 몇 년 전 지인과 찾았던 기억 때문입니다. 단풍이 정말 좋았습니다. 아내는 아직 가을 내설악을 본 적이 없습니다. 강릉에 터 잡고 산 지 20여 년이 훌쩍 넘었는데 말입니다.

내설악 단풍은 이번 주가 절정으로 알려져 찾는 사람이 많을 듯해서 서둘러 출발했습니다. 동해고속도로가 속초까지 연결되어 예전에 강릉에서 1시간 반은 족히 걸리던 속초가 40여 분 밖에는 걸리지 않습니다. 설악산 울산바위 아래로 펼쳐진 울긋불긋한 경관을 보니 설악산

단풍이 절정임을 실감합니다. 백담사 입구 주차장에 도착하고 보니 그 넓은 주차장에는 관광버스와 승용차들이 이미 가득 차 있었고, 백담사 행 셔틀버스는 1시간을 기다린 후에야 차례가 왔습니다. 내설악의 가을 장관을 경험하려면 이 정도는 감내하는 것이 오히려 당연하다고 생각하니 기다리면서도 오히려 기대감이 충만해지는 느낌입니다. 우리만이 아니었습니다. 기다리는 사람들 모두 같은 기분인 듯합니다. 짜증 섞인 말투나 얼굴은 보이지 않습니다. 실제로 경관도 경관이지만 저는 이 설렘도 좋습니다. 어차피 여행의 참맛은 어딘가를 향해 떠나는 행동 그 자체에 있으니, 그 과정도 역시 즐거운 것이지요.

　　백담사에서 출발하여 계곡을 따라 걷는 길은 온통 노랗고 붉은 선명한 원색으로 물들었습니다. 길은 단풍터널이 되었습니다. 곳곳에 탄성이 일고 사진에 담아내느라 사람들은 여념이 없습니다. 중간에 오세암 방향으로 갈라지는 길 말고는 백담사에서 봉정암으로 가는 등산로가 이곳에서는 유일한 길이어서 모두 이 길을 따라갈 수밖에 없다 보니 곳곳이 사람들로 정체가 빚어집니다. 그래도 좋습니다.

　　가끔은 생각해 봅니다. 왜 사람들은 가을 단풍에 매력을 느끼는 것일까요? 색상 고운 낙엽에 마음이 이끌리는 것은 당연한 이치겠지요. 동시에, 사람들은 단풍에서 자신의 지나온 삶의 이력을 투사해보고 앞으로 살아갈 날을 마음으로 다짐하는 데 익숙해 있는 것은 아닐까 합니다. 삶을 되돌아볼 여유가 있는, 아니 어쩔 수 없이 되돌아봐 지는 중장년들이 더욱 그렇습니다. 얼마나 많은 시인이 단풍을 시어로 울긋불긋 조탁했던가요.

단풍이나 낙엽이 주는 정서는 우리나라에만 국한 된 것은 당연히 아닙니다. 서양에서도 낙엽은 이별의 아쉬움이나 인생 노정의 끝자락으로 간주했습니다. 서양에서 많이 알려진 노래인 〈가을 잎Autumn Leaves〉이 있습니다. 애잔한 단조 멜로디의 피아노나 이 멜로디에 얹혀 흘러나오는 이 노래를 듣고 있으면 한없이 뒤로 물러나는 나를 보게 됩니다. 유명한 가수치고 이 노래를 부르지 않은 가수는 없는 듯합니다. 이브 몽땅, 에디스 삐에쁘, 냇 킹 콜, 밥 딜런, 에릭 클랩튼, 에바 캐시디 등등. 로저 윌리엄즈나 마일스 데이비스도 이 곡을 재즈로 편곡해서 즐겨 연주했습니다.

가을 낙엽이 창가로 날립니다
붉은 황금 색상의 가을 낙엽
당신의 입술이, 여름날 키스가 보입니다.
내가 꼭 잡아주던 햇볕에 탄 손들

당신이 떠나간 뒤로 하루해가 길어집니다
나는 곧 옛 겨울의 노래를 듣게 되겠지요
하지만 사랑하는 이여 나는 당신이 몹시도 그립습니다
가을 낙엽이 떨어지기 시작하면

우리나라의 산야는 사계절이 갈마들어 절기마다 아름다운 광경을 자아내니 우리가 누리는 그 경물은 축복입니다. 절기마다 찾았던 바우길의 색다른 풍경들은 제 기억 속에 갈피갈피 접혀있습니다. 눈 이불을 둘러쓴 채 삭풍을 견뎌내는 겨울 눈, 봄 햇살의 간지러움으로 기지개를 켜고 나온 잎눈, 한여름의 무더위와 장마 속에서 꿋꿋하게 버텨낸 무성한 잎, 한겨울을 준비하기 위해 잎으로 가는 영양분을 막아버린 떨켜의 지혜. 화려한 단풍을 보고 함께 감탄하고 즐거워하는 것도 좋지만, 조용히 낙엽이 되기까지의 자연의 순리를 되뇌면서 자기 삶의 궤적을 되돌아보는 것도 이 가을에 더욱 어울리는 여행이지 않을까 싶습니다.

창가에 서서 낙엽지는 앞마당을 내다보며 에바 케시디의 목소리로 〈가을 잎〉을 듣고 있자니, 그녀의 삶이 오버랩되면서 목소리가 알싸하게 제 마음에 내려 앉습니다.

이제, 저도 나이가 든 것입니다.

돌탑과 농부의 시심

돌탑은 돌로 쌓은 시어입니다.

바우길 어느 구간에서나 가을의 정경이 한껏 펼쳐지지만, 13구간 '향호바람의 길'도 가을에 걷기 참 좋습니다. 향호와 향호저수지 주변의 갈대 군락은 가을의 호적한 경관과 기운을 전달해 줍니다. 갈대 못지않게 제 마음에 다가온 것은 향호저수지 바우길가에서 만난 돌탑입니다. 사람 키보다 큰 5무더기의 탑이 길가에 줄지어 있습니다. 정교하게 쌓여진 것은 아니지만, 정성스러운 작업이었던 점은 분명합니다. 몇 년 전 이곳을 걸으면서 처음 목격하고는 누가 왜 이런 탑을 세워두었는지 가늠하기 어려웠습니다. 누구에게 보여주기 위해서 쌓아둔 것이 아니란 것은 분명해 보입니다. 이곳은 인근 마을에서도 멀리 떨어져 있고 낚시하는 사람 말고는 찾지 않는 한적한 곳이기 때문입니다. 돌탑의 색깔과 모습으로 판단하건대 제법 오래된 듯 보입니다. 탑이 정겨워 사진도 찍으면서 한참을 둘러보았습니다. 인근 길가 밤나무에서 떨어진 밤도 주어가면서 시간을 보내다가 마땅히 물어볼 인근 주민도 없어서 궁금증만 안은 채 돌아왔습니다. 그리곤 … 잊고 있었습니다.

어느 날 아침, 여느 때와 마찬가지로 라디오 음악 채널을 들으며 출근하고 있었습니다. 마침 첼로 독주 부분의 멜로디가 정말 순수하고 아름다운 쥬페의 '시인과 농부' 서곡이 흘러나왔습니다. 그 순간 어인 일인지 향호저수지의 돌탑이 음악과 겹쳤습니다. 아마도 인간의 목소리와 가장 가깝다는 첼로의 곱고 순수한 멜로디가 음악 속 '농부 시인'의 마음과 겹치게 된 것은 아닌지 모릅니다. 흘러나오는 음악을 들으면서 그곳의 돌탑이 '시인의 마음을 가진 농부가 밭에서 추려낸 돌로 쌓아 놓은 각담이 아닐까?'하는 마음이 갑자기 들었습니다. 돌이켜보니 돌탑과 저수지 사이에 밭이 있었습니다. 일부는 농사를 짓고 있었고, 일부는 잡초로 푸서리가 된 묵정밭이었습니다. 흔히 밭을 일구면서 나오는 돌은 골라내 길가에 쌓아두거나 밭이랑 둑으로 사용합니다. 밭일은 그 자체로 고단하여 어지간해서는 골라낸 돌로 농사에 도움이 되는 것 외에는 달리 사용하지는 않습니다. 그래서 그때까지 농사짓는 사람이 쌓았을 것이라곤 조금도 생각이 들지 않았습니다. 왜 농부라고 해서 시인의 마음이 없을까요? 시인이 언어의 조탁을 통해 자신의 마음을 시로써 표현하듯, 농부도 돌을 한 단 한 단 쌓아 올리면서 자신의 마음과 소망을 정성스럽게 표현할 수도 있지 않을까요? 그 밭의 주인이 쌓은 것이라면, 그 농부는 필시 시인의 마음을 가진 분이 아니었을까 하는 생각이 들었습니다.

실제로 얼마 전에 우연히 '농부 시인'을 만났습니다. 지난 추석 연휴에 어머니가 계신 고향에 갔다가 인근 목은 이색의 묘가 있는 사적지로 아침 산책을 가는 중이었습니다. 유적지 입구의 한 작은 시골 마을 길가에 한 100여 미터에 걸쳐 메리골드와 코스모스, 구절초, 맨드라미, 백일홍, 과꽃등 정겨운 꽃으로 잘 가꾸어져 있었습니다. 참 보기에 좋았습니다. 그런데 더욱 인상 깊었던 것은 꽃밭 사이로 시를 적은 팻말들이 세워져 있었습니다. 몇 개를 읽어보니 도회지 풍의 세련된 시가 아닌 바로 이곳 시골 정경이 듬뿍 묻어난 소박 하면서도 정감 있는 시들이었습니다. 시 마다 지은이의 이름이 적혀있었는데, 모두 같은 사람이었습니다. 한적한 자그마한 시골마을에 조성된 꽃길과 시 팻말. 당연히 궁금해졌습니다. 누가? 왜? 마침 한 노인분이 인근 집에서 낫자루를 들고 밖으로 나오는 모습이 보였습니다. 당연히 물어봤습니다. 그 노인분이 빙그레 웃으시면서, 손가락으로 자신을 가리킵니다. '그러면 이 시는요?' 자신의 집 앞 길섶에 심어 놓은 것은 그럴 수 있다고 치더라도, '설마 이 시골노인이 시 창작을?' 하는 심정으로 물었습니다. 여전히 웃으시면서, '나여.' 예상치 못한 대답에 그분의 얼굴을 자세히 들여다 보았습니다. 해맑게 웃으시는 얼굴과 모습이 바로 시 그 자체였습니다. '농부 시인'이었던 것입니다. 전국대회에서 상도 여러 번 받았고, 70이 넘은 지금도 농사일을 하면서 틈틈이 시를 쓰신답니다. 우리 형제들도, 제 아내도, 저도 한목소리로 '어르신, 참 멋지십니다' 하자, 여전히 순박한 웃음을 지은 채 가볍게 눈인사하시고는 길 건너 논두렁으로 내려가십니다. 스스로 묻습니다. '왜, 농부가 시를 짓는다는 생각이 어색할까?'

'돌탑을 쌓는 마음은 어떤 모습일까?' 바우길을 걸으면서 마주치는 크고 작은 돌탑에 작은 돌을 하나 얹으면서 자문합니다. 백담사 앞 넓은 계곡에는 돌을 이용하여 쌓아 올린 크고 작은 탑들이 줄줄이 들어서 있습니다. 얼마전 단풍을 보기 위해 다녀오면서 전에 비해 탑들이 부쩍 많아진 것을 보았습니다. 이제는 계곡을 따라 상류까지 곳곳에 크고 작은 탑들이 쌓여있었습니다. 탑만으로도 명소로 불리어도 손색이

없을 듯합니다. 기념사진을 찍기 위해 탑 사이에 사람들이 빼곡히 들어서 있습니다. 그새 새로 탑을 쌓는 사람도 눈에 들어옵니다. 탑을 앞에 두고 합장하고 고개를 숙이는 사람도 보입니다. 어느 계기로 누가 먼저 시작했는지는 모르겠지만, 한때 이곳에서 은둔생활을 했던 전직대통령은 아닌 듯합니다. 속세에 복귀한 뒤의 그의 행적을 보면 그렇다는 것입니다. 탑을 쌓는 행위는 적어도 불교에서는 일종의 자기 수양이며 애초에 구도의 행위였다고 합니다. 지금도 돌을 하나하나 정성스럽게 쌓아 올리며 경건한 마음으로 치성을 드리고 소원을 비는 사람도 많습니다. 그래서 길을 가다 단 몇 개의 돌멩이로 쌓아 올린 소박하고 투박한 탑을 보고도 옷깃을 여밉니다. 건들지 않기 위해 조심합니다. 쌓아 올린 사람의 정성과 소원이 켜켜이 쌓여있기 때문입니다. 돌 하나하나에 한 소원씩 치성이 드려있는 셈입니다.

치성의 돌탑으로 치자면 정선 모추산 모정탑만한 것이 있을까요. 올림픽아리바우길 3구간이 지나는 족히 1km가 넘는 계곡을 따라 무려 3천여 개의 돌탑이 쌓여있습니다. 한 여인이 가정에 닥친 액운을 물리치고 안녕을 기원하면서 무려 26년간 쌓아 올린 탑이라지요. 그것도 혼자의 힘으로 이루어 낸 것이라고 하니 경이롭다고 할 수밖에 없습니다. 하지만 그곳을 다시 찾지 않을 듯합니다. 돌탑을 보고 있자니 한 여인이 겪은 오랜 풍상의 세월이 너무 무겁게 다가오기 때문입니다.

향호바람길이건 대관령옛길이건, 바다부채길이건 길을 걷다가 '소박한' 돌탑을 보시거든 시인의 마음으로 작은 돌 하나 얹어볼 일입니다. '나도, 시인입니다.'

가을이니까

가을 길은 혼자 나서는 것이 제맛입니다.

"왜 이리 쓸쓸해지는지 모르겠어. 요즈음. 몸도 처지고 의욕도 없고 말이야."
"나도 그래. 그럴만한 나이잖아. 우리가."
"그런 것 같아. 그런데 말이야, 여름까지만 해도 이 정도는 아니었는데."
"왜 그런 말 있잖아. 가을 탄다고. 특히 우리 같은 중년들. 괜히 우울해지고, 사소한 장면에도 눈물이 글썽이고, 안 마시던 커피도 마시면서 인생이 뭐 어쩌고저쩌고 주절대고. 우리 나이 때면 다들 그런 것 같던데."
"그래, 요즈음은 낙엽만 봐도 때론 가슴이 먹먹해지고 눈시울이 붉어지는 걸 보면 나이 탓인 것만은 분명해."

가을의 바우길을 걷다 보면 듣게 되는 중년남들의 흔한 대화입니다. 과연 중년남들이 특별히 가을을 탈까요? 가을 타는 것은 남자만일까요? 나이 탓일까요? 가을 산은 인생을 철학적으로 되돌아보게 해주는 메타포가 되는가요? 저도 해마다 정도는 다르지만, 분명히 가을을 탑니다. 나이 탓으로 돌리기도 하고, 낙엽이 인생 철학의 명제로 제 마

음에 들어오기도 합니다. 저는 환경결정론의 신봉자는 아닙니다만, 일정 부분 받아들입니다. 주변의 자연환경과 조건을 초월해서 지낼 수는 없을 테니까요. 생각해 봅니다. 사시사철 먹을 것이 풍부하고 온난한 날씨가 이어지는 기후대에서 위대한 사상가나 예술가가 나타났던 적이 있는지요. 인간이란 환경이 열악하고 육신의 생활에 안락함이 부족할 때, 육신의 제한적 조건을 벗어나기 위해, 아니면 잊기 위해 정신과 마음을 고양하는 것은 아닐는지요.

묵직한 존재론적 명제를 창작을 통해 던져 주었던 니체, 칸트, 워즈워스, 톨스토이, 브람스, 시벨리우스 … 이들은 한결같이 북유럽 출신들입니다. 핀란드 출신의 시벨리우스는 자신은 계절과 기후에 민감하다면서 낮의 길이가 짧아지는 계절에는 한동안 우울함에 빠진다고 고백합니다. 북독일 출신의 브람스와 더불어 그의 음악이 가볍지 않은 이유입니다. 중년으로 넘어가면서 여타 음악 애호가들처럼 제가 시벨리우스와 브람스를 자주 듣게 되는 이유도 거기에 있지 않나 싶습니다. 따뜻한 아지랑이 속에 꽃이 만개하는 봄이나 녹음 우거진 자연의 풍성함이 터져나오는 여름에 나서는 바우길에서는 생각의 끄트머리조차 붙들 틈이 없습니다. 한껏 부푼 자연의 기운과 열정이 우리 마음을 그득 채우기 때문입니다. 낙엽으로 산들이 헐거워지기 시작하면, 우리 마음도 덩달아 헐렁해집니다. 이 헐렁해진 틈으로 생각들이 들어오기 시작합니다. 그래서 가을 산은 몰려다닐 산이 아닙니다. 처량하게 보이더라고 청승맞게 보이더라도 혼자가 맞습니다. 가을이면 가을을 타는 것이 맞습니다.

가을 타는 현상에는 과학적인 설명도 있습니다. 우선 일조량의 감

소를 듭니다. 우리 몸은 일정량의 햇볕을 쬐어야 심신이 편안해진다고 합니다. 그렇지 않으면 비타민 D가 충분히 만들어지지 않게 되고 우울한 기분이 든다고 합니다. 미국 펜실베니아에서 였습니다. 대체로 쌀쌀한 가을이면 따뜻한 날씨가 며칠씩 이어지는 '인디언 썸머'가 있었습니다. 이때면, 대학 교정의 넓은 잔디밭에는 '진풍경'이 펼쳐지곤 했습니다. 남녀 할 것 없이 비키니와 수영복 차림으로 학생들이 일광욕을 즐기며 수업이 없는 시간을 이용하여 수업 준비와 과제를 하는 광경입니다. 여성과 눈을 마주치지 못할 정도로 부끄러움을 탓던 시절이어서 처음에는 이 광경이 낯설어 잔디밭 사이길을 지나가면서도 제가 오히려 눈 둘 곳을 정하지 못해 허둥댔던 기억이 생생합니다만, 그랬던 것입니다. 위도상 북쪽에 위치한 서구에서는 가을 햇볕이 좋은 날은 집안 정원이든, 공원이든 자리를 펼 수 있는 곳이면 남녀노소 할 것 없이 맨살을 최대한 드러내고 일광욕을 즐기는 모습이 흔합니다. 햇볕이 부족한 북부에서는 이러한 적극적인 대처를 하니 우울증으로 인한 자살률은 그리 높지 않다고 합니다.

이번 가을 또 다른 이유로 가을을 타는 저를 발견했습니다. 제 아내도 아마 비슷한 느낌이었던 듯합니다. 지난해 가을 현재의 주택을 신축하여 이주하고 봄부터 텃밭을 열심히 가꾸었습니다. 열 평도 채 안 되는 텃밭이지만, 이른 봄부터 아내와 정성스럽게 가꾸면서 노동의 즐거움과 보람을 한껏 누렸습니다. 주말농장을 해본 경험이 있지만, 집안에서 처음으로 텃밭을 가꾸다 보니 시행착오도 많았지만, 땀과 수고와 비교하면 자연이 주는 보답과 우리가 얻는 만족감은 훨씬 컸습니다. 아내는 아침에 눈 뜨면 먼저 마당으로 나가 식물과 화초, 나무에 인사를 건네곤 할 정도였습니다. 물론 우리가 열심히 키워서 식용으로 이용했지만, 잘 커 주는 작물과 식물에 감사하는 마음은 떠나지 않았습니다. 텃밭을 풍성하게 장식하고 수확의 기쁨을 주었던 고추나 가지, 아스파라거스, 깻잎, 바질, 쌈채, 애플민트, 고수 등이 가을이 깊어가면서 시들어갑니다. 더는 수확 거리가 없음에도 아내와 저는 뽑아내고 싶지가 않아 그대로 두었습니다. 그러는 바람에 늦게 심은 배추는 속을 오므릴 기회를 놓쳐버렸고 여름 식탁에 향미를 장식해주었던 바질 잎은 줄기에서 그대로 고스라진채 미안하게도 그 상태로 겨울을 맞이하게 되었지만요. 제때 정리하고 싶지 않았던 까닭은 우리 부부에게 봄부터 먹거리와 즐거움을 선사해준 고마움 때문이었습니다.

그도 그렇지만, 곰곰이 생각해 보면 더 근원적인 이유가 있지 않았나 싶습니다. 성취에 대한 욕구 말입니다. 우리 인간은 수렵 채집 시기부터 자신의 능력을 발휘해서 무언가를 이루어내려는 성취욕을 본능적으로 지녀왔다고 합니다. 현대에도 대부분 사람이 유사한 경험을 합니다. 목적을 달성했을 때 보다는 목적 성취를 위해 일을 열심히 준비하고 실행하는 과정에서 삶의 의욕과 존재감을 더욱 강하게 그리고 지속해서 느끼는 것은 아닌지요. 성취의 기쁨은 잠깐에 불과한 것이지만요. 봄부터 열심히 가꾸어오고 행복했던 텃밭에도 휴식의 절기가 찾아오고 더는 할 일이 없어졌다는 사실을 받아들이고 싶지 않았던 것은 아닌지, 이러한 느낌을 애써 뒤로 밀어 두는 초짜 농부의 억지가 아니었던가 하는 생각이 듭니다.

이 가을에 겸손해지려 합니다. 인생에서의 욕심도 절기에 맞게 내려두고 헐겁게 가려 합니다.

향호 바람과 갈대

흔들리는 것이 갈대인가요 아니면 우리 마음인가요?

바우길 12구간의 출발점이자 종착점인 향호. 이보다 더 향기로운 호수 이름이 있을까요? 산이나 강, 호수와 같은 자연의 이름은 서양에서는 대개 발견한 사람이나 유명한 인물의 이름, 인근에 살았던 부족의 이름, 아니면 시각적 자연 형상에 근거하여 이름이 붙습니다. 우리나라의 경우는 대개 자연 형상에 따라 이름 붙지만, 특히, 산수가 수려한 곳의 지명은 시적인 메타포가 동원되곤 합니다. 강원도 동해안을 따라 형성된 석호들이 대표적인 예입니다. 영랑호, 청초호, 선유담, 송지호, 봉포호, 매호, 향호, 경포호, 풍호 등, 한결같이 시적 감흥을 자아내는 이름입니다. 강릉 바우길 구간인 경포호는 '수면이 거울같이 청정하다'라는 시어를 갖고 있으며, 지금은 이름만으로 존재하는 풍호는 '단풍나무가 호수에 비추는 장면이 아름답다'라는 시어를 갖고 있습니다. 둘 다 자연의 시적 형상화입니다.

향호香湖란 명칭의 유래는 무엇일까요? 향기가 나는 나무인 향나

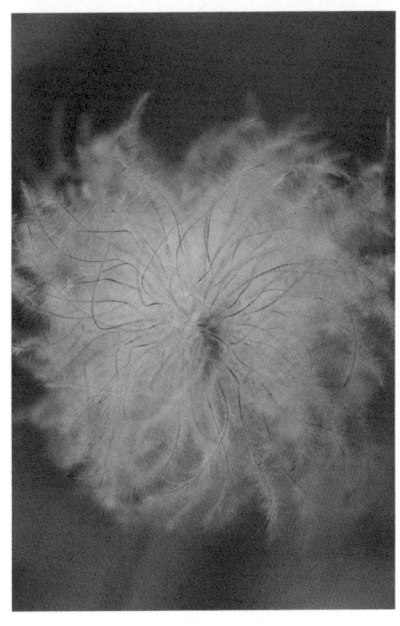

무 향자입니다. 옛날부터 오래 묵은 향나무의 향은 청향이라 하여 정신을 맑게 해주고 부정을 없애는 것으로 알려져 있습니다. 엄숙한 의식이 행해지는 곳이나 행사장에는 향이 피워지는 이유입니다. 향호의 이름 유래도 매향埋香이라는 불교와 민간신앙에서 유래한 것이라고 합니다. 매향은 고려 시대에 동해안에서 천년 묵은 향나무를 향호와 같이 바닷물과 계곡물이 만나는 지점에 묻어 두는 것으로, 미륵보살이 다시 태어날 때 이 침향으로 공양을 드리기 위한 목적이었습니다. 이 매향 풍습에서 향호라는 이름이 유래되었고요. 율곡도 향호가 내려보이는 정자 향호정을 자주 찾아 학자 및 선비들과 교류를 했다고 알려져 있습니다. 동해안의 다른 석호나 관동 8경에 비하면, 향호는 풍광이 결코 수려하다고 할 수는 없지만, 그 시적인 '향기로움'으로 선비들의 풍류를 자극한 것은 아닐지 생각해 봅니다.

이 향호의 '향'은 가을이 최고가 아닐까 합니다. 갈대와 억새가 있기 때문입니다. '향호바람의 길'이라는 바우길 이름을 보고, 봄에 찾아가 봤습니다. 동해안에는 봄에 바람이 유난히 많이 불기 때문입니다. 그러나 향호의 봄'향'은 그다지 매력적이지 못했습니다. 그래서 '바람'의 의미를 다시 생각해 보았습니다. 서양에서 영혼espirit이란 단어의 어원이 숨결, 바람, 그것도 가을에 부는 서풍입니다. 봄바람이 우리 몸에 기운을 북돋는 몸의 바람이라면, 가을바람은 우리의 정신과 마음을 가라앉히는 영혼의 바람입니다. 향호의 '향' 바람은 가을에 붑니다. 갈대와 억새입니다. 향호 주변으로 넓게 자리 잡은 갈대와 억새가 도로 너머 바닷가에서 불어오는 가을바람에 쉴 사이 없이 살랑입니다. '가을은 남성의 계절'이라는 명제는 절대적일 수 없지만, 갈대가 중년의 마음을 끄는 것은 부인할 수 없을 듯합니다. 이 가을 향호 갈대를 보며 걷는 낭객들을 유심히 살펴보았습니다. 대부분 중장년으로 혼자서 혹은 많아야 두세 명이 갈대 사이로 난 데크를 따라 조용히 그리고 천천히 걷습니다. 젊은이들은 거의 눈에 띄지 않습니다. 맛난 향기도, 멋진 빛깔도 지니지 않은 갈대나 억새를 보며 인생을 반추해보는 것은 젊은이에겐 어울리지 않기 때문일까요. "억새의 꽃들은 영광이나 치욕을 외치는 향기와 빛깔을 갖지 않는다. 그 꽃들은 다만 시간을 통과해나가는 노동의 모습만을 갖는다." 김훈 작가의 말입니다.

동서양을 막론하고 갈대는 인생 노정에서 인생의 가을 녘에 자신을 돌아보는 시적 메타포가 되었습니다. 신경림 시인의 갈대 애가哀歌입니다.

언제부턴가 갈대는 속으로
조용히 울고 있었다.
그런 어느 밤이었을 것이다. 갈대는
그의 몸이 흔들리고 있는 것을 알았다.

바람도 달빛도 아닌 것
갈대는 저를 흔드는 것이 제 조용한 눈물인 것을
까맣게 몰랐다
— 산다는 것은 속으로 이렇게
조용히 울고 있는 것이란 것을
그는 몰랐다
-「갈대」전문

'인간은 생각하는 갈대'라는 파스칼의 명제는 가을이면 여전히 자주 인용되곤 합니다. "인간은 한 개의 갈대에 지나지 않는다. 자연 가운데서 가장 약한 자다. 그러나 그것은 생각하는 갈대다 … " 그래서 인간이 위대하다는 논리입니다. 잘 모르겠습니다. 자연에 빗대어 인간을 높이고자 하는 태도는 사실 마음이 불편합니다. 호수에 갈대숲이 만들어졌다는 것은 보기에는 좋을지 모르지만, 호수생태계에 이상이 생겼다는 신호이기도 합니다. 호수에 육화가 진행되기 때문입니다. 오늘, 바람에 흔들리는 향호의 갈대숲을 바라보며 발걸음이 느려지고 상념에 잠기는 것은 내 중년의 흔들리는 마음 때문만은 아닙니다. 호수생태계에 대한 염려 때문이기도 합니다.

눈雪의
채움과 비움의 아이러니

겨울에 내리는 눈은 채움이자 비움입니다.

겨울 눈의 매력은 채워주면서 비워주는 아이러니에 있습니다. 눈이 내리면 세상은 온통 흰색으로 채워집니다. 그런데 이 채워짐으로 인해 세상의 복잡한 모습들이 단순화되니 동시에 비워짐입니다. 이 비워짐 속에 평소에 눈에 들어오지 않던 작은 존재들이 자신의 모습을 분명하게 드러냅니다. 눈 덮인 길은 천천히 걸어야 제맛입니다. 어차피 눈雪이 발을 붙들기도 하고 발의 중력이 엇박자를 내기도 해서 천천히 걸을 수밖에 없겠지만, 자세히 천천히 눈目 길을 줘야만 눈의 채움과 비움 속에 드러나는 모습을 볼 수 있기 때문입니다.

영동과 대관령에 눈이 소복이 내렸습니다. 눈 쌓인 바우길은 어느 곳이라도 나름의 매력을 띱니다. 오늘은 이름에 걸맞은 '대관령눈꽃마을길'을 걷습니다. 황병산 자락에 자리 잡은 고원목장과 사파리목장, 켄터키목장을 따라 걷는 눈 덮인 정경은 참 이국적입니다. 이들 목장과 삼양대관령목장 사이 능선에 줄지어 선 하얀 풍력발전기는 흰 눈으로

뒤덮인 대관령 자락 정경의 일부가 됩니다. 이 구간에서는 눈에 의한 채움과 비움의 매력을 한껏 즐길 수 있습니다. 특히, 고원목장에서부터 사파리 목장, 일몰전망대를 거쳐 켄터키 목장으로 가는 구간은 흰 목책 길입니다. 목책 길에서 바라본 눈 덮인 목장의 구릉 곡선과 구릉에 자리 잡은 소목이 뚜렷하게 모습을 드러냅니다. 목책 길 역시 못지않습니다. 무릎을 바짝 구부리고 상체를 접고 바라보면 헐겁게 쌓인 눈 사이로 마른 풀 가지들이 눈을 이고선 '나 좀 봐 주세요'라며 관심을 끕니다. 무엇인가를 자랑하고 싶어 애절하게 올려다보는 어린아이들의 모습입니다. 눈을 맞추고 한참을 바라봅니다. 참 예쁘다고 칭찬도 해줍니다. 흰 눈이 주변을 덮지 않았던들 이들 풀 가지들은 쉽게 눈에 들어오지 않았겠지요.

겨울 산의 또 다른 매력은 상고대입니다. 상고대 역시 자연의 채

움과 비움의 결과입니다. 무엇이 채워짐이고 무엇이 비워짐일까요. 겨울 산을 등산해본 사람은 압니다. 나뭇가지에 얼어붙은 나무서리[상고대] 사이로 드러난 하늘이 유난히 파랗다는 것을. 비움의 결과입니다. 공기 중에 수증기가 많으면 하늘이 맑지 않고 다소 뿌옇게 보이지만, 이 수증기는 온도가 내려가면서 서리로 변하고 얼음이 된 서리는 나무와 풀을 만나 하얗게 피어납니다. 나무와 풀은 하얀 서리로 채워지지만 대기는 마른 공기만 남겨지고 비어있게 됩니다. 빨주노초파남보 무지개색 중에서 파란 계통의 색이 차가운 맑은 공기 속에 산란하여 상고대 사이로 드러난 하늘이 유독 파랗게 보이는 이유입니다. 공기가 적을수록 파란색이 더욱 선명하게 보이기에 높은 산에서 하늘이 더욱 파란 이유가 되겠네요. 상고대와 그 사이로 드러난 파란 하늘, 그야말로 눈이 시리도록 청량합니다.

일정 높이의 산에서는 겨울에 상고대를 볼 수 있습니다. 바우길 선자령 정상 인근에서도 추운 날씨가 지속되는 날이면 상고대를 만납니다. 10여 년 전 겨울, 덕유산을 찾았습니다. 설천봉 곤돌라 하차장에서 향적봉을 거쳐 중봉까지 모든 수목이 온통 눈꽃으로 피어있었습니다. 미끄러지지 않으려고 기를 쓰면서 발치만 내려 보고 걷다가 잠시 멈춰 서서 나뭇가지에 핀 얼음서리 사이로 하늘을 올려다보았습니다. 너무나 맑고 파래서 제 거친 입김이 흐려놓지 않을까 걱정이 될 정도였습니다. 연신 하늘에 대고 카메라 셔터를 눌렀습니다. 이 눈이 시리도록 아름다운 장면이 순식간에 없어지게 될지도 모른다는 부질없는 조바심 때문이었습니다. 아니, 이러한 광경은 평생 다시는 못 볼 수도 있다는 생각 때문이었는지도 모릅니다. 여러 해가 지나서 이때의 사진을 화면에 불러냅니다. 감흥 없이 이내 닫습니다. 기억 속의 장면이 더욱 선예하기 때문입니다. 우리의 자연에 대한 인상이란 단순히 객관적 실체의 반영에 머무르지는 않습니다. 그래서 많은 경우 '남는 것은 사진'이 아니라 마음의 렌즈를 통해 기억필름에 저장된 영상이지 않을까 싶습니다.

아, 그런데, 눈과 같은 자연의 흰색은 채움의 결과인가요 아니면 비움 그 자체인가요? 더욱 본질적인 질문. 애초에 '색깔'이란 것이 본질적인 요소로 존재하나요? 그릇에 바닷물을 떠서 살펴보곤 파란색이 아닌 무색이어서 당혹해했던 어린 시절이 있을 겁니다. 자연에서 우리가 보는 흰색은 무색이 아니라 자연색상에서 빨강, 파랑, 노랑이 합쳐진 그래서 채워진 색상입니다. 더 정확하게 표현하자면, 빛의 삼원색인 빨강, 파랑, 노랑이란 세 가지 색이 합쳐진 것이 흰색으로, 흰색을 가진 물체는 빨노파 삼원색의 파장에 모두 반사하는 물질을 지니고 있다

는 뜻입니다. 빨노파에 비해 흰색은 덜 화려하게 보이더라도 신비함을 지닌 것으로 예로부터 받아들여졌습니다. 흰코끼리가 여러 문화권에서 신성한 존재로 받아들여지고, 미국 소설가 허먼 멜빌의 흰고래 백경은 우주의 질서 내지는 우주의 주관자인 신으로 해석되는 것이 그 때문입니다.

올겨울, 한반도 전역에 눈이 자주 내리지 않고 내려도 쌓이지 않는 현상을 보입니다. 이곳 영동지방도 2월 말이 다되도록 눈이 온 횟수는 한 손으로 꼽을 정도에 그치고 있습니다. 기상청에 따르면, 올겨울에는 '삼한사온三寒四溫' 공식이 깨졌기 때문이라 합니다. 원래 우리나라는 겨울에 찬 대륙성 고기압이 확장하면서 3~4일 추위가 찾아오고 나면, 이동성 고기압이 형성되어 3~4일 따뜻해지게 되고, 이때 기압골이 생기면서 눈이 내립니다. 올겨울은 그 주기가 유난히 길어 기압골이 생기지 않아 눈 구경하기가 쉽지 않은 이유라고 합니다.

대신, 고농도 미세먼지가 자주 찾아옵니다. '삼한사미'가 '삼한사온'을 대체한 것은 아닌지 걱정입니다. 겨울이면 공기가 정체되는 데다 우리나라 자체에서 생긴 미세먼지와 중국 쪽에서 불어오는 서풍 때문입니다. 지구온난화가 큰 원인이 되고 있습니다. 유난히 '미세먼지 주의보,' '미세먼지 경보'에 눈길을 주야만 하는 겨울입니다. 앞으로 겨울이면 오히려 '대설주의보,' '대설경보'를 그리워하는 겨울이 반복될까 봐 걱정입니다.

3

인간·자연 공존의 길

디지털 디톡스

디지털 중독, 당신은 안녕하신가요?

요즘 부쩍 유행하는 단어로 디톡스가 있습니다. 건강과 음식을 다루는 텔레비전 프로그램에 어김없이 등장하는 단어입니다. 우리말로 해독이지요. 해독쥬스, 해독야채, 해독음식조리 등등. 우리나라 사람들이 건강에 보이는 관심은 세계 최고라 해도 과언이 아니라는 점에서 이상할 것도 없습니다. 요즘 우리 생활에서 음식 못지않게 해독이 필요한 것은 디지털에 대한 노출이 아닌가 싶습니다. 이름하여 디지털 디톡스! '한시도 쉬지 않고 사용하는 스마트폰, 컴퓨터, 노트북 등을 전혀 사용하지 않는 상태의 휴식을 의미한다'고 국어사전에도 등재된 걸 보면 우리 사회에서 디지털 중독이 보편적인 현상이 된 것이 분명합니다. 사실, 국어사전 등재 사실에 기대지 않고서도 우리 사회 어느 곳에서건, 어느 때건 매일같이 목격하고 경험하는 일상입니다. '나'라고 예외일까요?

스마트폰의 기능과 어플이 다양해짐에 따라 이에 의존하는 비중도 높아만 갑니다. 잠시라도 손에서 떼어 놓지 못하도록 엮여있습니다.

말 그대로 손에 달고 다니는 '핸드폰'이 되어 버렸습니다. 바우길에서도 예외가 아닌 듯합니다. 어떤 이는 기회 될 때마다 메시지 확인하느라 분주하고, 어떤 이는 카톡 날리느라 분주하고, 어떤 이는 전화로 일 처리하느라 핏대 올리기도 하고, 어떤 이는 자연 속에서 기분이 들떠서 그런지 큰 소리로 지인들과 일상적인 통화하느라 숲 속의 고요함을 깨뜨리기도 하고, 제각각입니다.

물론 스마트폰이 자연에 나가면 유용한 도구로 기능하기도 합니다. 특히, 사진기 기능과 자연 관련 앱의 활용입니다. 바우길에 들어서면 제 스마트폰의 메시지와 통화기능은 먹통이 됩니다. 대신, 식물의 이름을 알려주는 어플은 제가 유일하게 그리고 가장 유용하게 사용하는 기능입니다. 바우길을 걷다 이름을 알 수 없는 꽃과 식물을 만나게 되면 아무리 희귀한 식물이라도 사진을 찍어 올리면 대개는 곧바로 답이 올라옵니다. 자연을 이해하는데 디지털 기술이 큰 도움이 됩니다. 그러니, 예전처럼 무턱대고 디지털 기술을 자연과 대적관계로 보고 배척하는 우를 범하지 않으려고 노력합니다.

문제는 문명을 벗어나 자연 속에서 힐링하고자 하면서도 디지털 문명의 이기에 자신을 스스로 속박하는 경우입니다. 바우길을 걷다 마주치는 멋진 광경이나 아름다운 꽃을 보면 스마트폰 사진기로 담아 '나 이런 멋진 곳에 있어'하는 무언의 메시지와 함께 지인들에게 보내는 것은 바우길을 걸으면서 누릴 수 있는 당연한 사치입니다. 하지만, 끊임없이 메시지 체크하고 메시지 보내느라 돌부리에 채여 휘청거리고, 중요하거나 긴급하지도 않은 일상적인 통화로 본인만이 아니라 주변 사람들까지 자연에서의 평온과 몰입을 방해하는 경우, 이들에게는 디지

털 디톡스가 필요한 것은 아닐까 싶습니다.

　　디지털 접속으로 먹고사는 구글의 전 CEO 에릭 슈미트는 모교인 캘리포니아 버클리대학 졸업식 연설 끝부분에 졸업생들에게 당부합니다. 그것도 연설 전체 내용 중 가장 진지하게 부탁합니다. 적어도 하루에 한 시간은 디지털 기기를 꺼두고 사랑하는 사람과 직접 얼굴을 맞대고 소통하라고요. 대면하고 상대의 눈을 들여다보면서 하는 면대면 소통이 우리 삶에서 가장 소중한 부분이라고 강조합니다. 휴식을 의미하는 한자어 休(휴)도 알다시피 사람이 나무에 기대고 있는 모습입니다. 자연에 들어가면 스마트폰에 기댈 것이 아니라 나무에 기대는 것이 우리 인간에게 자연스러운 행동입니다.

　　연령대를 가리지 않고 디지털 디톡스가 필요합니다만, 디지털에의 노출 빈도와 정도가 상대적으로 높고 말랑말랑한 감수성을 가진 젊은 세대는 특히 그렇습니다. 일부 연구에 따르면, 요즈음 대학생들은 20~30년 전 대학생들보다 감정이입 능력이 40% 정도 떨어지는데 원인 중 하나가 소셜미디어로 인해 대면 접촉의 빈도가 낮아졌고 이로 인해 상대의 마음과 입장을 헤아리는 기회가 줄어들었기 때문으로 봅니다. 그렇다면, 젊은 세대들은 (일부 중장년층도 예외는 아니지만) 왜 소셜미디어에 매달리는 것일까요? 어느 학자는 인류가 작은 부족을 이루며 살아가던 사회에서 유래된 DNA 때문으로 해석합니다. 즉, 부족사회에서는 부족의 보호 없이 홀로 야생에서 살아간다는 것은 죽음을 의미했기 때문에, 그룹에서 배제되거나 추방에 대한 두려움이 인간유전자를 통해 전달되어왔고, 현대인은 본능적으로 소속감을 갈망하고 배제와 추방을 두려워한다는 것입니다. 그래서 그 본능에 따라 소셜미디어에 모여드는 것이라고 분석합니다.

　　소셜미디어로 타인과의 연결을 시도하는 것은 근본적으로 자아의 고립상태에서 벗어나기 위한 근본적인 해결책이 아니라는 점은 누구나 공감합니다. 소셜미디어가 오프라인 교제를 온전히 대체할 수 없다는 점도 압니다. 대상이 인간이 아닌 자연과의 관계에서도 마찬가지입니다. 요즈음 사람들이 디지털 영상을 통해 자연을 감상하고 교감하는 빈도가 높아졌습니다. 디지털 기기의 화소 수가 높아지고 드론 등 인간의 직접적인 시각을 뛰어넘는 기기들이 전송하는 놀라운 자연의 모습은 분명 경이롭습니다. 하지만, 영상으로만 만나는 자연은 한계가 있습니다. 픽셀화된 자연을 통한 교감은 실재 자연과 직접 접촉하는 것과는 다를 수밖에 없습니다. 입원 환자를 대상으로 한 연구에서 창문 밖으로 실재 나무를 내다보는 환자는 건물이나 주차장을 내다보는 환자보다 빨리 낫는다는 결과가 있습니다. 일터에서도 진짜 자연이 내다보이는 창이 있는 곳에서 일하는 사람들이 더 행복하고 건강하고 창의적이었다고 합니다. 새로울 것도 없습니다. 연구결과에 의존하지 않더라도 우리는 경험을 통해 이와 같은 내용을 이미 알고 있지 않던가요? 문제는 실천하고자 하는 의지입니다. 자연에 나갈 때, 디지털 기기를 버리자는 이야기가 아닙니다. 현명하게 사용하면, '나'도 좋고 정보를 공유하는 '상대'도 좋습니다. 중요한 것은 오감에 의한 자연과의 직접적인 만남과 교류가 선행되어야 한다는 점입니다.

　　오늘도, 바우길에 들어서면서 '핸드폰'이 아닌 '스마트폰'으로 디지털 디톡스를 실천하려고 합니다.

봄의 멜로디

봄 기운의 가락은 어떤 모습일까요?

집 앞마당에 찾아온 봄기운에 마음이 동하여 대관령을 향해 나섭니다. 그런데 대관령 자락과 백두대간은 3월 초에 내린 눈으로, 산신령이 눈을 부릅뜨고 '봄? 아직은 어림도 없지!'라고 겁박합니다. 대관령 옛길 길머리에서 맞는 삭풍이 여전히 맵싸합니다. 하지만, 땅속과 대기의 봄기운은 아랑곳하지 않는 듯합니다. 인간사, 세월에 장사 없듯, 자연사, 계절 순환에 터벅터벅 걸음입니다.

봄의 전령은 개나리가 아니라 버들개지입니다. 아직 얼음이 다 녹기도 전에 냇가의 버들개지는 어느새 소리도 없이 새싹을 두툼하게 피워냅니다. 계곡의 눈 녹은 시린 물에 내린 뿌리로 가장 먼저 봄을 맞이하는 것입니다. 겨우내 꽁꽁 얼어있던 계곡에는 얼음이 녹기 시작하면서 노래가 시작되고, 이에 맞춰 부풀어 오른 버들개지 솜털에서는 점점이 망울이 맺기 시작합니다. 자세히 들여다봅니다. 버들개지 솜털 끝에는 노랑과 주홍빛 망울이 올망졸망 맺혀있습니다. 자연의 섬세함에 그

저 감탄만 나옵니다. 바라보고 있는 것만으로도 제 마음은 겨울의 움츠림에서 봄의 기지개로 부풀어 오릅니다. 계절 변화가 자연계에서는 점진적으로 진행되는 질서이지만, 우리 마음에서는 버들개지 하나로도 양자도약처럼 순간적으로 일어납니다.

　우리 마음을 여는 또 다른 봄의 전령사는 봄바람입니다. 살가운 봄바람이 가벼워진 옷 틈으로 스며들어 맨몸에 스멀거리면, 우리 마음이 설레지 않고 배겨내지 못합니다. 매섭고 답답했던 긴 겨울의 터널을 벗어나면서 두텁게 껴입었던 옷을 한 꺼풀씩 벗어던지면서 느끼는 심리적 해방감 때문일 것이기도 합니다. 시적으로 표현하자면, 따뜻한 봄바람이 우리 마음을 흔들어 놓았기 때문입니다. 바람은 곧 기(운)이지 않습니까? 서양에서도 바람은 (영)혼으로 간주합니다. 기운과 혼이 우리 몸에 들어오니 설레지 않고 배길 수 없겠지요. 거북스럽지만, 외도를 우리는 바람난다고 표현하지 않습니까?

　밤새 무겁게 내려앉은 차가운 공기가 봄 햇살에 가벼워져 보풀보풀 공중으로 올라가면서 우리의 가벼워진 옷 섶 사이로 간질이면, 우리 마음은 이 간들바람으로 하늘하늘해집니다. 봄바람과 더불어 마음도 한없이 상승기류를 탑니다. "봄이 왔네 봄이와, 숫처녀의 가슴에도 … 산들산들 부는 바람 아리랑 타령이 절로 나네." 다 이유가 있습니다. 봄 길을 걸으면서 자신도 모르게 흥얼거리게 되는 이유입니다.

　이런 봄이면 떠오르는 또 다른 가락이 있습니다. 베토벤 바이올린 소나타 5번 〈봄〉입니다. 베토벤이 이 곡을 작곡한 것은 이러한 봄기운에 의한 것은 아닐까 싶습니다. 봄날의 생동감을 그린 음악은 많지만, 베토벤의 이 곡도 참 좋습니다. '봄'이라는 부제를 단 슈만의 교향곡 1번과는 달리, 이 곡에는 작곡가 특유의 고뇌가 담겨있지 않습니다. 아마도 이 곡은 머리가 아닌 몸으로 쓰인 것이어서 그런 것이 아닐까 생각해 봅니다. 베토벤이 1800년경부터 귀가 잘 들리지 않기 시작했으니 이 곡을 작곡할 당시(1801~1802) 청력에 문제가 있었습니다. 하지만 몸으로 느끼는 봄의 생동감을 악보로 옮기는데 장애가 되지 않았던 모양입니다. 음의 형식상 바이올린이 주가 되고 피아노는 보조적인 역할을 하게 되지만, 이 소나타에서 바이올린과 피아노가 서로 즐겁고 경쾌하게, 때로는 노래를, 때로는 대화를 주고받습니다. 두 악기가 봄의 생동감과 약동하는 기운을 2중창으로 주고받습니다.

　베토벤의 바이올린 소나타 5번을 들으면서 이 봄에 우리도 자연과 대화를 나눠보는 것도 멋진 새봄맞이가 되겠습니다.

가상현실 속 자연 걷기

자연과 인공, 그 틈새는 어디쯤일까요

봄철 바우길을 걷다 보면 길이 대개는 한적하다는 사실에 놀랍니다. 계절 따라 모습을 바꾸고 치장하는 멋지고 아름다운 길, 백두대간 자락의 위용과 품격의 금강송이 늘어선 기품 있는 길, 맑고 푸른 동해 바다의 노스탤지어와 싱그러움을 몸과 마음으로 흠뻑 잠기며 걷는 낭만가도, 옛사람들이 무수히 넘나들었던 영동-영서를 연결해 주던 애환과 추억의 옛길과 고개, 강릉의 전통과 문화를 엿보고 체험하는 문향의 길, 이렇게 다양하고 매력적인 길인데 말입니다.

주말이면 수도권에서 영동으로 난 고속도로가 여전히 붐비고 강릉행 KTX 주말 열차가 만석으로 도착한다는데 주말 방문객들이 다 어디로 숨어든 것일까요. 날이 따뜻해지는 봄이 되면 이곳 영동의 사람들도 들뜬 마음으로 길을 나서곤 하는데, 이들 또한 어디로 숨어든 것일까요.

날이 따뜻해지면서 전국이 미세먼지로 뒤덮이는 상황이 반복되다

보니 마음과는 달리 오히려 바깥 출입을 꺼리는지도 모르겠습니다. 요즈음 가상현실에서 자연을 접하는 사람들이 늘고 있다고 합니다. 주말 교통 혼잡과 미세먼지로 인해 이러한 일이 더욱 보편화하는 것은 아닌지 모르겠습니다. 구글 플레이에서 인기 있는 프로그램으로 'VR Relax Nature Walk,' 우리말로 옮기자면 '가상현실 자연 완보'란 프로그램이 있습니다. 휴대용 헤드셋을 착용하면 가상현실 속에서 시냇물 소리와 새소리를 들으면서 숲속을 걷기도 하고, 서서 하늘을 올려다보기도 하고, 나무 아래 앉아 새와 나비가 날아다니는 것을 감상할 수도 있습니다. 걷는 속도도 조절할 수 있어서 편안하게 자연경관을 감상하면서 자연의 소리를 들을 수도 있습니다. 이 프로그램의 목적은 바쁜 일상의 스트레스에서 벗어나 자연 속에서 편안하게 휴식을 취하는 데 있습니다. 물론, '자연'은 가상현실입니다.

자연을 소재로 한 가상현실 프로그램들이 관심을 많이 받고 있다는 사실은 우리의 삶이 실재의 자연에서 단절되고 있다는 방증입니다. 동시에 우리의 삶이 자연으로부터 멀어질수록 우리는 자연을 더욱 그리워한다는 사실을 말해줍니다. 차로 30분이면 모든 바우길에 도달할 수 있는 저와 같이 강릉에 사는 사람들은 조금은 예외이지 않을까요. 하지만 꼭 그렇지만은 아닌 것 같습니다. 실제로는 자연과의 실질적인 거리와 자연친화적 성향은 비례관계에 있다고 보기 어렵습니다. 눈을 뜨면서부터 잠자리에 들기까지 스마트폰에서 눈과 손을 떼지 못하는 소위 '스몸비'(스마트폰 좀비) 현상은 푸르른 바다와 청정한 숲과 산에 둘러싸여 살아가는 사람들도 피해가지 못하는 세태이지 않습니까.

이런 세태에 대해 혀를 차면서 안타깝게 여길 수만은 없을 듯합니

다. 세태를 거스를 수는 없으니까요. 대신, 디지털에 아날로그를 접목해 균형을 잡아주는 것이 현실적인 방법은 아닐까 합니다. 자연만 해도 그렇습니다. 지금은 고라니와 멧돼지가 도심까지 출몰하는 지경이 되었습니다만, 우리가 어려서 보았던 많은 동물들이 실재 자연을 찾아가도 보기 어려워진 것도 현실입니다. 아이들에게는 이런 동물들의 살아 움직이는 모습은 영상을 통해서 접할 수밖에 없게 되었습니다. 안타깝지만, 아이들이 동물의 존재를 아예 모른채 자라는 것보다는 낫습니다. 그래서 생각해 봅니다. 사라진 동물들의 모습이 실재 자연 공간에서 재현될 수 있다면 하고요. 나무나 돌로 만든 조각으로서의 형상이 아니라 3차원의 움직이는 동물의 모습을요. 2018 평창 문화올림픽에서 그 일이 실현되었습니다. "숲 속 이야기 청산☆곡"이라는 프로그램이었습니다. 집과 가까이 있어서 평소에도 간단한 산보를 위해 자주 찾는 강릉 솔향수목원의 숲길을 따라 형형색색의 불빛과 미디어아트를 이용하여 "강원도 대자연의 아름다움"을 실재 자연 공간에 디지털로 풀어 놓았습니다. 평상시에 밤 산행이 허용되지 않는 이곳에, 밤의 숲이란 공간에서 방문객들은 다양하고 멋진 불빛이 인도해주는 숲 속으로 산책하며 미디어아트가 펼치는 '자연'의 매혹을 보고 듣고 만지며 체험합니다. 컴퓨터 앞이나 관람석에 앉아 수동적으로 즐기는 것과는 차원이 다릅니다.

부모를 따라온 어린아이들이 참 좋아했습니다. 숲속에서 형형색색의 불빛이 만들어내는 황홀한 불빛 쇼에 탄성을 지르기도 하지만, 아이들이 정작 제일 좋아하는 것은 따로 있었습니다. 미디어아트가 만들어낸 가상현실로서의 움직이는 동물들의 모습입니다. 책이나 만화영화, '동물의 왕국' 유형의 텔레비전을 통해서만 보아 왔을 호랑이와 반달곰, 사슴 가족, 한 쌍의 학의 모습이 숲속에 나타나 실재처럼 움직이고, 소리내고, 행동하는 것을 보고는 눈길과 발길을 떼지 못합니다. 시차를 두고 반복되어 나타나는 동물의 모습을 아이들은 보고 또 봅니다. 아이들에겐 동물원의 동물보다도 이 디지털 동물을 더욱 실감 나게 받아들일 수도 있겠다는 생각이 듭니다.

어른들에게도 가상현실이 만들어내는 감동적인 장면은 따로 있었습니다. '하늘정원'에 올라 바라보는 맞은 편 산등성이에 펼쳐지는 정선 겸재와 단원 김홍도의 강원도를 그린 미디어아트 산수화입니다. 실재 산등성이를 화선지 삼아 거대한 산수화가 펼쳐졌습니다. 겸재나 단원의 산수화는 화보나 다른 그림을 모방하지 않고 한국의 산하를 직접 답사하고 그 사실적 모습을 화폭에 담아냈을 뿐만 아니라 그 안에 내재한 심미성을 간파해내면서 그렸고 또 그렇게 감상했습니다. 이들 그림이 '진경산수화'라고 불린 이유입니다. 미디어아트로 실재 수목원 산등성이에 풀어낸 이들의 산수화는 두 겹의 '진경산수화'가 되었습니다.

디지털 영상 속에서 '저곳'으로서의 자연만을 바라보는 어린이를 위해서도, 팍팍한 현실 속에서 자연마저 그저 피상적인 대상으로 바라보는 두꺼운 각질에 쌓인 어른들을 위해서도, 실재 자연 공간에서 펼쳐지는 이러한 '쇼'를 평소에도 만날 기회가 주어지는 바람을 가져 봅니다. 이러한 '쇼'야 말로 우리 삶에 윤활유가 될 뿐만아니라 우리를 실재의 자연 공간으로 다시 이끌어주는 계기가 될 수있기 때문입니다.

실재자연과 디지털 내지 인공자연의 결합으로, 싱가포르의 '슈퍼트리'가 가장 먼저 떠오릅니다. 시내 마리나베이에 조성된 '가든스 바이 더 베이Gardens by the Bay' 내에 50여 미터 높이로 솟은 11그루의 인공 나무는 싱가포르의 새로운 명소로 자리 잡았습니다. 싱가포르는 전 지역이 하나의 도시로 이뤄진 도시국가로서 실재 자연공간은 대단히 적습니다. 도시 문명과 자연이 잘 균형을 이루고 있다는 점은 예전에 싱가포르 방문에서 가장 먼저 목격했습니다. 방문 당시에는 슈퍼트리는 없었습니다만, 나중에 슈퍼트리 조성 소식을 접하고는 싱가포르다운 발상이란 생각이 들었습니다. 도시국가다 보니 아무래도 자연 공간이 충분치 않아서 인공자연으로 보완하는 것입니다. 하지만 이 슈퍼트리가 전적으로 이질적인 인공물이 아니라 환경친화적이며 실재 자연 식물과 공존한다는 점에 주목해 봅니다. 우산을 뒤집어 놓은 형상의 나무 꼭대기에는 집광판이 있어서 태양열을 이용하여 밤이면 나무에 형형색색의 불을 밝히고, 나무 둥치에는 약 200종의 다양한 종류의 식물이 자라고 있습니다. 야간에 불빛에 노출된 이 식물들의 생체리듬이 조금 걸리기는 하지만요.

싱가포르만이 아니라 세계의 거의 모든 나라에서는 급격한 도시화와 기술발달로 인해 이전에 비해 사람들은 실재 자연에서 멀어진채 삶을 살아가고 있습니다. 그렇다고 '자연으로 돌아가자'는 구호는 현실성이 없습니다. 주어진 상황을 받아들이면서 자연과 재접속하는 방법을 모색하는 것이 현실적으로 보입니다. 여기에 디지털 기술적용과 인공자연 – 실재자연 간의 접목도 하나의 방법입니다. 바우길을 걸으면서 스마트폰으로 실시간 날씨 상황이나 식물의 이름을 확인하는데 도움을 받듯이요.

철없는 경포벚꽃

봄 개화 질서가 뒤죽박죽되었습니다.

영동지방에 벚꽃 피는 시기가 도래했습니다. 4월 초, 이때면 경포 일대는 온통 벚꽃으로 나무도, 사람도 흐드러집니다. 경포 입구에서부터 도로 양쪽으로 벚나무들이 하얀 꽃 뭉치를 풍성하고 화사하게 매답니다. 둘레로 치면 십 리가 넘는 경포호숫가를 빙 둘러 벚꽃이 이어집니다. 작은 바람이라도 일면, 연분홍 꽃잎이 살랑거리며 공중으로 흩어져 내립니다. 눈 조각처럼 꽃잎은 공중에서 여유 있게 팔랑이다 바닥으로 사뿐하게 내려앉습니다. 위로는 벚꽃 사이로 파란 하늘이 언뜻언뜻 모습을 드러냅니다. 꽃길을, 아니 꽃 공간을 걷는 셈입니다. 살랑대는 봄바람 속에 팔랑이는 벚꽃 눈을 맞으며 걸어가는 사람들의 마음도 흐드러지지 않을 수 없습니다.

벚꽃 만개한 경포호수의 정경을 눈에 가장 잘 담아볼 수 있는 곳은 호숫가 언덕에 자리 잡은 경포대입니다. 수령이 얼마나 되었는지 알 수는 없지만, 굵은 벚나무들이 경포대 누각을 에워싸고 있습니다. 벚꽃

으로 치장한 이 누각은 그 자체로 대단한 정경이지만, 누각에서 내려다본 벚꽃 둘레 친 경포호 정경은 자연이 제공해주는 봄 사치치고는 분에 넘칩니다. 그 화려함에도 불구하고, 아니 그 화려함 때문에 벚꽃은 때론 민족이데올로기라는 굴레로 속박당하기도 합니다. 워싱턴 D.C.에 있는 벚꽃이 그렇습니다. 미국 체류시절 봄방학을 맞아 마침 아내 친구가 워싱턴 D.C를 방문한다 해서 친구도 만나고 워싱턴도 구경할 겸 펜실베이니아주에서 차를 몰고 아내와 DC를 찾았습니다. 링컨기념관을 둘러보고 토마스 제퍼슨기념관으로 이동 중 뜻하지 않게 이 기념관이 자리 잡은 타이들베이슨 호수를 빙 둘러 핀 벚꽃을 만났습니다. 이 광경은 어지러울 정도로 고혹적이었습니다. 그때까지 그렇게 화사하고 아름다운 벚꽃단지를 보지 못했으며, 그 화사한 벚꽃 장관을 미국에서 보게되리라곤 생각지도 못했습니다. 그런데 현장에서 알게 되었습니다. DC의 벚나무들은 일본의 한국 지배를 용인했던 미국-일본 밀약의 당사자인 태프트가 미국대통령으로 재임 시 일본이 감사의 표시로 미국에 제공했던 나무란 사실을요. 이들 벚꽃나무들이 화사하게 꽃을 피워

3 인간·자연 공존의 길

내는 것은 자연의 순리에 따른 것이지만, 마음에서 한껏 부푼 감탄이 갑자기 풍선터지듯 꺼졌던 느낌은 어쩔 수 없었습니다. 한때 우리나라에서 벚꽃이 일본을 상징하는 나무라 해서 여러 말들이 오가기도 했습니다. 그러다 왕벚나무의 원산지가 제주도로 밝혀져 이제는 벚나무가 어느 정도 이데올로기 논란에서 벗어난 듯 합니다. 벚나무가 되었든 낙엽송이 되었든 정치역사적 의미가 덧씌워지는 것이 나무 입장에서는 자신들과는 무관한 일이어서 억울하기도 하겠습니다.

최근들어, 벚나무, 아니 벚꽃 수난은 엉뚱한 곳에서 벌어지고 있습니다. 2018년 봄 경포. 경포의 벚꽃이 찬미의 영광을 누리지 못하고 운을 다해버렸습니다. 예년과 비교하면 나흘이나 일찍 개화한 데다 만개 속도도 빨랐습니다. 만개 직후에는 강풍이 불고 비가 연이어 내려 올봄 벚꽃은 피자마자 떨어져 버리는 일이 벌어진 것입니다. 당연히 올 벚꽃 축제에 차질이 생겼습니다. 축제 시작도 전에 벚꽃이 져버렸기 때문입니다. 시내 남산에서는 벚꽃 축제를 아예 취소했습니다. 왜 이런 일이 생긴 것일까요. 기후변화 때문입니다. 기후 온난화라고 해야 더 정확하겠습니다. 지구가 더워지는 것은 통상적인 자연현상이 아니라 인간의 활동에 의한 결과이기 때문입니다.

자연질서에 따라 봄에 피는 꽃들은 개화 순서가 정해져 있습니다. 대표적인 봄꽃을 예로 들면, 아직 북향 산기슭에 잔설이 남아있지만 봄의 전령인 산수유가 먼저 봄소식을 전하고 나면 곧이어 매화가 연분홍 꽃잎을 냅니다. 산수유와 매화는 얼마나 성질이 급한지 잎보다도 꽃을 먼저 틔웁니다. 초봄에 눈이라도 내리면 매화의 자태는 꽃말이 전하듯 '고결한 마음,' '기품'을 더더욱 잘 드러냅니다. 그래서 매화가 예로

부터 사군자의 하나로 존중받아온 이유입니다. 매화가 만개할 때면, 목련은 봉우리를 한껏 머금고 있다가 3월 말이면 봉우리를 일제히 터뜨립니다. 한자어에서 보듯 나무에 피는 연꽃으로 목련 중에서 특히 백목련은 연꽃을 많이 닮아있습니다. 이어서 우리의 산야에는 개나리, 진달래가 만개하고 뒤이어 벚꽃과 더불어 본격적인 봄이 찾아옵니다. 강릉을 기준으로 보자면 개나리는 3월 25일경, 진달래는 3월 28일경, 벚꽃은 4월 4일경에 개화합니다. 그런데 어느 봄부터인지 개화 시기도 당겨졌고 개화 순서도 무너졌습니다. 목련, 개나리, 진달래, 벚꽃이 한 번에 다 같이 피는 경우도 잦아졌습니다. 우리의 먹거리에서만 '철'이 없어진 것이 아닙니다. 자연의 질서에도 철이 뒤죽박죽되었습니다. 우리 인간의 철없는 욕심 때문입니다.

요즈음 아이들이 '철'이 없다고 혀를 차기 전에 어른들도 자연과의 공생을 위해 자신의 삶과 가치관을 돌아보는 '철'이 들어야 합니다. 그래야 자연도 자신의 '철'을 되찾을 수 있습니다.

감자 꽃 필 무렵

감자 꽃을 주목해 보신 적이 있나요?

5월 말에서 6월이면 바우길 주변으로 유난히 감자 꽃이 눈에 많이 들어옵니다. 바우길 주변으로 산지든 들판이든 해마다 감자밭이 많이 조성됩니다만, 올해 특히나 더 많이 그리고 더 자주 제 눈에 띄는 것은 감자가 반가워서 그렇습니다. 우리 집 앞마당 너머에 있는 너른 밭에도 요즈음 하얀 감자 꽃이 탐스럽습니다. 이른 아침과 저녁에 특히 매혹적입니다. 안개 속에 살포시 가려질 때는 어떻고요. 안개와 어우러진 고혹적인 자태는 신비로움을 줍니다. 감자 꽃이 흰 마가렛이나 바람꽃, 진홍의 요염한 양귀비, 자줏빛 붓꽃, 노란 달맞이꽃과 어울려지면 이만한 볼거리도 없습니다.

감자 꽃 예찬이 이 정도면 좀 과하지 않은가 싶기도 하지만, 사람은 보고 싶은 것만 선택적으로 보는 경향이 있다고 하지 않습니까. 제가 감자가 많이 기다려지는 이유도 작용했겠지요. '금감자'를 마냥 먹을 수 없기 때문입니다. 농작물 중 감자가 유난히도 풍작과 흉작의 양

극단을 오르내리면서, 지난해에는 전국적으로 생산량이 많지 않아 저장물량이 준데다 겨울 한파의 영향으로 남쪽 지방에서 시설 봄 감자의 생육도 부진해 올 봄 감자는 귀하신 몸이 되었습니다. 감자를 즐겨 먹는 저도 감자 가격을 보고는 살 엄두가 나지 않아 봄 감자 출하 때까지 기다리고 있는 형편이어서 바우길 감자 꽃이 더없이 고맙고 예쁘게 보입니다.

사실 '감자'와 '꽃'은 서로 연관 짓기가 다소 어색하고 어울리지 않아 보이기도 합니다. 제 경우에도 예전에는 감자를 먹으면서 꽃을 떠올리는 경우는 거의 없었던 듯합니다. 감자를 먹는 용도로만 생각했거나 모양이 그리 멋지지 못해서일까요. 감자로서는 억울하겠지만 좀 투박하고 세련되지 못한 모양 때문인지 강원도 사람들을 지칭할 때 '감자바우'란 용어가 등장합니다. 강원도 지역에 '감자 바우'란 명칭이 들어간 상호도 적지 않습니다. 하지만 감자 꽃을 잘 주목해 보면 여느 꽃 못지않게 아름답고 매력적이라는 것을 알 수 있습니다. 흰색 내지는 연한 보라색으로 피는 꽃에서 꽃받침은 종 모양으로 5갈래로 갈라지고 진노랑의 화관도 끝부분이 5갈래로 갈라져 삼각형을 이룹니다.

한때, 이 감자 꽃이 프랑스에서 왕과 왕비에게 받쳤다는 사실을 아시나요? 프랑스 앙투안 오귀스탱-파르망티에 이야기입니다. 약사였던 파르망티에는 1700년대 중반 프랑스와 프러시아간 벌어졌던 '7년 전쟁'에 참전했다가 포로로 잡혀 프러시아군 수용소에서 지냅니다. 이때 배급된 음식이 감자였습니다. 지금이야 유럽에서 감자가 중요한 식량으로 사랑받지만, 당시에는 소위 '악마의 음식'으로 기피되던 음식이었습니다. 대개 기독교를 종교로 택하고 있던 유럽에서는 감자가 성경

에 등장하지 않는다는 이유로 하나님이 창조한 것이 아닌 악마의 작물이라는 속설에 근거합니다. 또한, 감자는 원산지인 중남미에서 1500년대 중반에 유럽에 소개되었지만, 감자가 나병을 일으킨다는 근거 없는 속설로 인해 기피 음식으로 오랫동안 남아있었습니다. 파르망티에가 활동하던 시기에 프랑스에서도 그러한 속설이 번져있었고 감자 섭식이 법으로까지 금지되고 있었습니다. 파르망티에는 전쟁이 끝나 풀려날 때까지 수용소에서 감자를 먹었지만, 나병은커녕 어떠한 질병에도 걸리지 않았을뿐더러 감자가 영양가 많고 맛있는 음식이라는 점을 알게 됩니다.

전후 프랑스로 돌아온 파르망티에는 감자 연구를 본격적으로 진행합니다. 실제로 감자가 중요한 식량자원으로서 건강에도 도움이 된다는 점을 과학적으로 확인하고 재배도 쉽다는 점을 알게 됩니다. 감자가 유용한 식량이 될 수 있다는 점을 확신하고, 당시 식량이 풍족하지 못했던 프랑스 국민을 위해 감자를 식량으로 보급하기로 마음먹습니다. 그러기 위해서 먼저 왕과 왕비를 설득하기로 합니다. 왕실에서 감자를 받아들이면 국민도 따라 할 것이기 때문입니다. 어느 날 루이14세와 왕비 앙투아네트가 베르사유 정원을 산책하고 있을 때, 파르망티에는 왕과 왕비에게 각각 미리 준비해둔 감자꽃을 선물합니다. 꽃을 받아든 왕은 옷의 단추 구멍에 꽂아두고 왕비는 보라색 꽃을 머리에 장식합니다. 이때 왕과 왕비는 한 번도 본 적이 없는 이 아름다운 꽃의 정체를 묻습니다. 파르망티에는 이 기회를 이용하여 감자의 유용성에 대해 왕과 왕비를 설득합니다. 덤으로 감자를 경작할 왕실 소유의 땅을 불하받기까지 합니다.

　　감자를 대중에게 널리 보급하기 위한 파르망티에의 또 다른 작전이 전개됩니다. 왕실에서 불하받은 땅에 심은 감자가 수확 시기가 되자 체격 좋은 사람들을 무장시켜 감자밭 주변에 경계를 세웁니다. 감자를 지키기 위해서가 아니라 사람들에게 호기심과 관심을 끌기 위한 계책이었습니다. 당연히 사람들은 무장경계 보호를 받는 생면부지의 작물에 호기심을 보이며 대단히 귀한 것으로 여기게 됩니다. 어두워지면 더 이상 경계를 서지 않는다는 것을 알게 된 사람들은 이 작물을 훔쳐가기 시작합니다. 물론 보초들은 사람들이 감자를 도둑질해가도 못 본 체하고 뇌물을 주면 받고 감자를 훔쳐가도록 놔두라는 지시를 사전에 받았던 것입니다. 이러한 계책이 효과를 보았습니다. 감자가 일반인들의 보편적인 음식으로 받아들이는 데는 그 뒤로 많은 시간이 필요했지만, 파르망티에의 노력은 결정적인 역할을 했습니다. 프랑스의 여러 감자요리에 '파르망티에'란 이름이 들어간 것을 보면 프랑스에서는 그에 대한 감사의 마음이 음식으로 담겨 전해지고 있다는 사실을 알 수 있습니다.

'프렌치프라이'도 프랑스와 연관된 것일까요? 맥도날드나 버거킹, 롯데리아에서 햄버거와 함께 세트메뉴로 딸려오는 감자튀김의 영어 명칭이 '프렌치프라이'입니다. 음식을 두고 원조 다툼이 한국에만 있는 것은 아닙니다. 감자튀김 원조를 두고 프랑스와 벨기에 사이에 국가 간 다툼이 일었습니다. 우리가 먹는 감자튀김은 애초에 벨기에 음식으로 1차 세계대전 당시 벨기에의 왈로니아 지역에서 처음 먹어본 미군이 왈로니아를 프랑스 영토로 착각해 '프렌치프라이'로 잘못 소개했다는 것이 벨기에의 주장입니다. 벨기에에서는 감자튀김을 유네스코 세계문화유산으로 등재 신청할 예정이라고 합니다.

우리나라에 감자가 보급된 것은 1830년경으로, 전라도 해안에 표류하던 영국 상선에 승선했던 네덜란드 선교사에 의해 종자와 재배법이 전해졌다고 합니다. 우리 민족은 일찍부터 뿌리 음식에 대한 거부감이 없었기 때문에 감자는 우리 식탁에 빠르게 보급되면서 흉년이 든 어려운 시기를 넘기는 데 큰 역할을 했다고 합니다. 논농사 짓기 힘든 강원도에서는 감자가 주식으로 자리 잡았던 것이고요. 지금도 강원도에서는 많은 가정에서 그리고 일부 음식점에서도 밥에 감자를 넣어서 짓습니다.

평소 통감자구이에 사우어크림을 발라먹는 것을 매우 즐기지만, 요즘 들어 강원도 토속음식인 감자밥, 감자옹심이, 감자떡, 감자전 맛

이 제법 느껴지는 것을 보면 어느새 저도 강원도의 떼루아에 익숙해져 가는 듯합니다. 감자 꽃의 아름다움까지 제대로 감상할 수 있게 되었으니 앞으로는 감자 음식에 더욱 정이 갈 듯합니다.

그나저나, 올해 수미감자, 남작감자가 더욱 그리워질 듯합니다. 사람도 같이 지내다 옆에 없으면 보고 싶고, 떠나간 뒤 더 그리워지듯이 말입니다.

나비와 생체모방

나비, 그 정교함을 위하여

바우길을 걸으면서 가장 가까이에서 목격할 수 있는 곤충은 나비가 아닌가 싶습니다. 걷다가 나비를 보면 나도 모르게 발걸음이 멈춰집니다. 우리 집 꽃밭 바늘꽃에도, 대관령 선자령 높은 곳에 피는 제비동자꽃에도, 경포 백사장의 순비기나무꽃과 갯메꽃에도 나비들은 날아듭니다. 화려한 날개를 살포시 펼치고 균형을 잡아가며 꽃에 앉아 열심히 꿀을 빨고 있는 모습은 분명 자연이 선사하는 눈요깃거리입니다. 제게는 나비의 더한 매력은 움직임에 있습니다. 꽃과 꽃 사이를 팔랑거리며 유유자적 날아다니는 모습을 보면 봄기운에 들뜬 내 마음도 함께 팔랑거립니다. 영화 〈엘비라 마디간〉에서 모차르트의 피아노협주곡 21번 2악장 아름답고도 슬프디슬픈 선율과 함께 팔랑거리는 나비를 쫓는 엘비라의 슬픈 운명이 떠오르는 건 어쩔 수 없지만요.

나비의 팔랑거리는 모습이 슈만의 〈나비〉라는 피아노 소품에도 고스란히 그려집니다. 이 작품이 왈츠로 쓰여 있어서 더욱 그런 기분이 듭니다. 왼손과 오른손의 유니즌을 통해 두 마리의 나비가 서로 유희하는 모습도 그려집니다. 연작 12곡 모두가 다 나비의 모습을 연상시키는 것은 아닙니다. 사실, 제목과는 달리 나비가 직접적인 모티프가 된 것도 아닙니다. 하지만, 작곡가의 의도가 어떻든 곡 중간마다 듣는 이가 그렇게 들었다면 그게 중요한 것이겠지요. 음 알갱이가 나비의 동작처럼 유연하게 공중으로 올랐다가 여운을 타고 살포시 내려앉는 클라우디오 아라우의 연주로 들어보세요. 아 참, 이 곡의 또 다른 제목은 "변덕스러운 사람"입니다. 이 꽃 저 꽃으로 날아다니는 나비의 습성으로 붙여진 듯합니다. 참 인간 중심적이지요. 자연생태계의 처지에서 보면 나비의 이러한 습성은 자연에 대단히 유익한 것인데도 말입니다. 길을 걸으면서 풍성하고 아름다운 꽃의 자태를 감상할 수 있는 것은 나비의 이러한 '바람기' 덕분이 아닌가요.

자연을 노래하는 대표적인 시인 최승호는 다음과 같이 노래합니다.

> 등에 짐짝을 짊어지고 날거나, 헬리콥터처럼 짐을 매달고 날아가는 나비를 나는 본 적이 없다. 나비는 가벼운 몸 하나가 있을 뿐이다. 몸 하나가 전 재산이다. 그리고 무소속이다. 무소유의 가벼움으로 그는 날아다닌다. 꽃들은 그의 주막이요, 나뭇잎은 비를 피할 그의 잠자리다. 그의 생은 훨훨 나는 춤이요, 춤이 끝남이 그의 죽음이다. 그는 늙어 죽으면서 바라는 것이 없다. 바라는 것이 없기 때문에 죽을 때에도 그는 자유롭다.
> -「나비」전문

그런데, 요즈음 '짐을 매달고 날아가는' '나비'가 나타났습니다.

드론입니다. 아마존과 같은 기업에서는 드론을 이용하여 주문한 물건을 배달하고 있습니다. GPS를 이용하여 공중에서 '자유자재'로 이동하고 방향을 바꾸고 멈추고 하는 최신의 드론의 움직임을 보고 있자면 나비의 나는 모습과 흡사하다는 생각이 듭니다. 실제로 얼마 전 미국에서 나비와 똑같은 모습으로 하늘을 나는 곤충 드론 '미모션 버터플라이즈'가 개발되었습니다. 이 드론은 실제 나비가 하늘을 나는 것을 완벽하게 재현했다고 합니다. 핵심은 나비로봇들이 서로 부딪치지 않고 비행할 수 있도록 만들었다고 합니다. 공중 체류 시간이 2분 30초에 불과할 만큼 아직은 기술적용 초보 단계이지만, 자연의 생명체를 모델로 삼는 생체모방 기술이 4차 산업혁명의 핵심으로 활발하게 개발되고 있으며 이미 우리가 사용하는 제품에 적용된 사례도 적지 않습니다.

우리 육안에는 좀 둔하고 빠르지도 않고 상하좌우로 비뚤비뚤, 지그재그로 나는 나비의 움직임은 언뜻 인상적이지 않아 보입니다. 하지만 곤충학자들에 따르면 나비의 나는 모습은 대단히 정교하고 철저하게 계산된 것이라고 합니다. 나비는 4개의 날개를 이용하여 자유자재로 속도와 방향을 바꿀 수 있다고 합니다. 이러한 능력 덕분에 느린데도 불구하고 새에게 잡아먹히지 않습니다. 보통 새들은 공중에서 먹잇감으로 곤충을 잡을 때, 곤충의 비행궤적을 예측하여 먹잇감을 잡지만, 나비는 펄럭이는 동작으로 비행궤적을 자유자재로 바꾸어 새의 공격을 피할 수 있습니다.

이러한 정교한 비행술 덕분에 나비의 집단 이동이 가능합니다. 미국의 소설가 바바라 킹솔버의 소설 『날기 습성』은 왕나비Monarch butterly의 이동을 다루고 있습니다. 지금은 생물권보전지역으로 지정된 멕시코의 한 산악지대에서 서식하는 왕나비는 멕시코와 캐나다 사이를 집단으로 이동하는 습성을 오랫동안 유지해 왔습니다. 겨울에는 기후가 따뜻한 멕시코의 산지에서 지내다가 봄이 되면 북쪽으로 이동을 시작하여 이동 경로를 따라 이들 나비의 유일한 먹이인 유액 식물 밀크위드가 있는 곳에 산란하고 생을 마칩니다. 알에서 부화한 나비들은 다시 북쪽으로 이동을 계속합니다. 이렇게 몇 차례 세대교체 과정을 통해 서식지인 미국의 북동부와 캐나다에 도달하여 가을까지 지냅니다. 가을이 되면 역방향으로 이동하여 겨울을 멕시코에서 보냅니다. 나비들이 몇 대를 걸쳐 이동하지만 어떻게 경로를 한 번도 벗어나지 않고 정확하게 찾아가는지는 여전히 풀리지 않는 수수께끼입니다만, 수백만 마리가 함께 안전하게 이동하는 것은 이들의 비행술 덕분입니다. 이 소설에서는 멕시코의 서식지가 숲 벌채와 난개발로 산림이 파괴되면서 개체 수가 감소하고 이동 습성이 변하고 있다는 안타까운 사연을 다루고 있습니다.

4월 초, 나비가 활동을 시작할 시기입니다. 우리 주변에서 그리고 바우길을 걷다가 나비의 몸짓을 보거든 기뻐해야 할 일입니다. 아직 우리 주변의 생태계가 대체로 건강하다는 소식이기 때문입니다. 나비의 펄럭이는 모습을 최승호 시인의 시구를 떠올리며 그 가벼운 리듬에 우리의 삶의 짐도 잠시나마 내려놓고 눈을 감고 함께 펄럭거려보는 여유를 가져보는 것도 좋을 듯합니다. 더불어, 첨단 과학기술로도 여전히 모방조차 힘든 나비의 '단순한' 팔랑거림 속에 깃든 나비와 같은 자연의 '미물'에 경의를 보내며 이들을 소중히 여기는 마음을 새기는 것도 필요하겠습니다.

철조망의 아이러니
정동심곡 바다부채길

철조망은 가둬두는 것일까요, 보호하는 것일까요?

깊은 골, 심곡이 활짝 열렸습니다. 심곡은 이름이 말해주듯 궁벽진 어촌이었습니다. 관광객이라야 정동진에 왔던 사람들이 심곡 바닷가에 연해서 난 낭만 가도를 따라 층층 바위를 보기 위해 나지막한 언덕을 넘어온 사람들뿐이었습니다. 그런데 이 심곡마을이 갑자기 시끌벅적해졌습니다. 최근 바다부채길이 열렸기 때문입니다. 정동진에서 심곡 어항에 이르는 바다 절벽 아래로 길을 낸 것입니다. 그동안 군사안보상 철저히 통제되었던 이곳에 목재와 철제 데크를 설치하여 미지의 바닷길을 열었습니다. 절경임은 분명합니다. 시루떡 모양 겹겹 층층을 이룬 바위 절벽과 깊은 바다 푸른 창해가 아찔하게 맞닿는 곳이니 어련하겠습니까? 더군다나 그동안 일반에 공개 안 된 곳으로 신비로움에 대한 환상과 호기심이 더해졌으니, 사람들이 몰려드는 것은 어찌 보면 당연합니다. 한때 인근에서 잡은 물고기로 자연산 회를 제공하던 횟집은 그동안 찾는 사람이 없어 문을 닫고 방치된 상태로 있었습니다만, 지난번 가보니 리모델링이 한창이었습니다. 예전에 없던 번듯한 커피

점도 어느새 들어선 세련된 건물에 자리 잡고 있었습니다. 새로 마련된 주차장은 턱없이 부족해서 주변 도로를 따라 차들이 빈틈없이 들어서고, 전국에서 몰려든 관광버스는 주차된 차들로 인해 더욱 좁아진 굽이진 길을 헤집고 들고나느라 정신이 없습니다. 정동진에 이어 제 기억 속의 한가롭고 낭만적인 시골 해안 정취가 또 하나 사라지고 있는 것입니다.

오늘로 바다부채길을 세 번째 찾았습니다. 일요일 오후에 방문했던 첫날, 좁은 통로에 연이어 들고나는 사람들에 치여 내 발걸음 하나 건사하느라 풍광을 제대로 감상하지 못했습니다. 주말이면 똑같은 일이 반복됩니다. 이곳을 찾는 대부분 사람은 눈앞에 열린 탁 트인 푸른 동해바다의 풍치와 파도 소리를 들으면서 걷는 것만으로도 연이어 탄성을 올립니다. 바다풍경seascape과 사운드스케이프soundscape가 함께 어우러지니 답답한 도시 삶에 막혀있던 사람들의 가슴을 뻥 뚫어줍니다. 요즈음 한국의 답답한 현실과 정세가 이곳 부채길로 더욱 부채질하고 있습니다.

하지만 이 바다부채길의 진정한 주인은 바위 절벽과 바다란 점을 잊어서는 곤란합니다. 이곳은 우리나라에서 유일한 해안단구 지역으로 천연기념물로 지정되어 있습니다. 동해고속도로의 옥계휴게소에서 이곳을 바라보면 단구의 모습이 확연히 드러납니다. 이미 열린 심곡 바닷길을 따라 단구의 모습이 드러납니다만, 이곳 부채길 구역에는 더욱 큰 규모로, 원래의 자태로 그 모습을 드러냅니다. 데크에서 단애 절벽을 올려다보면 절벽이 곧장 바다를 향해 곤두박질치는 수직 지형입니다. 100여 미터에 달하는 이 층층 단애에는 시간의 두께가 층층이 구별되어 켜켜이 쌓여있습니다. 이 단애 절벽에 체포된 세월은 얼마나 될까

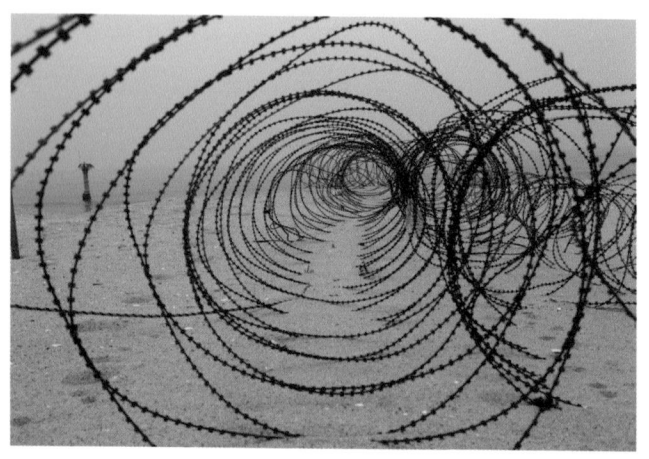

요? 2300만 년 전의 지각변동의 기록입니다. 이 세월은 인간의 시간대가 아니라 지질학적 시간대입니다. 바로 이 점이라 생각합니다. 바다부채길이 우리에게 전해주는 이야기는요. 각각의 층 하나하나가 무수한 자연의 이야기와 역사가 압축된 속살입니다. 그 이야기 속에 인간사는 아예 존재하지 않거나 있어 봐야 아주 미미하게 기록되어 있을 겁니다. 우리가 자연 앞에 겸손해져야 할 이유입니다. 유흥 삼아 큰소리 내면서 걸어야 할 곳이 아닙니다. 2.86km를 단거리 육상선수가 주파하듯 다닐 곳이 아닙니다. 풍광을 걸태질하듯 긁어모아서도 안 됩니다. 게으른 호흡으로 완보하며 곡진하게 외풍과 내풍을 살펴야 할 곳입니다.

　　최근 몇 년간 지질학과 지구시스템과학계에서 지구의 현시점을 새로운 지질학적 용어로 규명해야 한다는 주장이 등장했습니다. 소위 '인류세'입니다. 복잡한 내용이지만 간단히 말하자면, 요즈음 전 지구적으로 지층의 상단이 플라스틱, 시멘트, 화학물질 등 인간 활동의 결과물들로 축적되어 있으며, 이 같은 사실로 미루어 예전과는 달리 자연

보다는 인간에 의해 지질층의 요소와 모양이 결정될 정도로 지구행성에 미치는 인간활동에 의한 영향과 부담은 막중하다는 뜻입니다. 이 바다부채길에 생경한 모습을 드러낸 해안단구를 바라보면서 지질학적 연대기에 인간이 얼마나 보잘 것 없는 존재였는지 깨닫고 인간과 자연의 지속 가능한 관계에 대한 성찰이 필요한 이유가 하나 더해진 것입니다.

동해 바닷가 안보 철조망이 고맙게 느껴진 것은 이 바다부채길이 처음인 것 같습니다. 철조망 덕분에 지금까지 퇴적층에 인간의 손길이 닿지 않을 수 있었으니까요. 역사의 아이러니입니다. 다행히도 바다부채길이 열리고 나서도 절벽 쪽은 기존 철조망이 막고 있습니다. 통일이 된다 해도 이 철조망은 제거되지 않았으면 합니다. 분단의 역사적 기록으로서만이 아니라 우리 한반도의 지질학적 기록이자 자연과의 관계에서 인간이 겸손함을 잃지 않아야 할 지표가 되기 때문입니다.

장 지오노가 말했습니다. 길은 인간이 남긴 가장 겸손한 자취라고요. 정동심곡 바다부채길이 그러한 길로 남았으면 합니다. 비록 인공의 길일지라도.

닫힘과 열림의 이중변주곡
한국 전통 담장의 공간미학

담은 닫힘인가요, 아니면 열림인가요?

　바우길은 우리를 자연 속으로만 안내하는 것은 아닙니다. 바우길을 걷다 보면 간혹 옛 모습을 간직한 마을이나 가옥을 접하게 됩니다. 이 또한 바우길의 매력이라 하지 않을 수 없습니다. 특히, 전통 담장과의 조우는 참 정겹습니다. 그것도 초가집의 흙 담장이나 돌 담장이 단연 으뜸입니다. 이들 담장은 요즈음 도시의 폐쇄적인 담장과는 달리 집의 안과 밖의 경계를 나누면서 동시에 연결해 놓은 닫힘이자 열림의 공간입니다. 있되 없는 듯한, 없되 있는 듯한. 굳이 대문을 세우지 않고 마당으로 통하는 출입구에서 담은 끊어져 있습니다. 담의 높이도 밖에서 들여다볼 때 사적 공간에 대한 예를 갖춘 시선이 허용되는 정도입니다. 이러한 담장은 영역표시이면서도, 안과 밖이 차단되지 않습니다. 담으로 인해 집안은 사적인 삶의 공간이 되며, 동시에 열림으로 인해 외부와 소통과 교류가 이루어집니다.

　담장 주변의 꽃과 나무의 배치도 닫힘과 열림의 미학을 그대로 반

영하고 있습니다. 돌담이나 흙담이 낮게 들어선 집은 담장 안 만큼이나 밖에도 정겨운 꽃 모둠이 행인의 발걸음을 멈추게 합니다. 봄, 여름, 가을 절기마다 제철 꽃들이 담 밖에서 담을, 마당을, 집을 치장해줍니다. 어찌 보면, 담이 꽃을 치장해주는 듯도 합니다. 봉숭아, 봉선화, 접시꽃, 과꽃, 맨드라미, 국화 등 우리 한국인의 성정과 가까운 꽃들이 자리합니다. 이러한 정겨움에는 집주인의 열린 넉넉한 심성이 듬뿍 묻어납니다. 낮은 담장과 담밖의 화단을 통한 소통이 허균·허난설헌 생가에서도 드러나는 것으로 미루어 허씨 일가의 개혁과 평등, 민본사상이 담을 통해 전해지고 있다는 생각을 해보기도 합니다. 담을 높고 견고하게 둘러치고 담 안에는 온갖 값비싼 나무와 꽃들로 장식하면서도 담 밖은 삭막하기 그지없는 현대의 마음 닫힌 집들의 옹졸함과는 참 많이 다른 듯 합니다.

미국 주택의 담과 비교하면 우리 전통 담의 미학이 더욱 두드러집니다. 흔히 미국 주택에는 담이 없다고 오해하기도 합니다. 미국의 도

3　인간·자연 공존의 길

시근교의 집들은 도로에서 차고와 집 현관으로 이르는 곳이 잘 정돈된 파란 잔디가 울타리 하나 없이 마치 공원처럼 널따랗게 연이어 있습니다. 그래서 각 집에는 담이 없는 것처럼 보입니다. 미국인들의 가장 기본적인 가치관이 개개인의 자유와 독립의지로 사적인 영역을 대단히 중요시한다는 점에서 다소 이상하기도 합니다. 미국에서 생활하면서 알게 되었습니다. 미국인들의 집과 그들의 마음 역시 열림과 닫힘이 공존하고 있다는 것을요. 하지만 한국 돌담이나 흙담이 담아내는 물리적 그리고 심성적 열림과 닫힘의 미학과는 성격이 다릅니다.

텍사스에서였습니다. 학교 인근에 널따란 공원이 있었고, 그 공원 주변으로 푸른 잔디밭이 딸린 집들이 있었습니다. 잔디 공간이 공원과 집들로 연이어져 있었기 때문에 구분이 잘 안 될 정도였습니다. 당연히 미국에서의 저의 첫인상은 미국 주택의 열림과 개방감이었습니다. 어느 주말, 미국인 클래스메이트와 공원에서 산책하게 되었습니다. 공원을 넓게 돌면서 공원과 이어져 있는 집이 궁금해서 나도 모르게 그쪽으로 발걸음을 옮겼습니다. 그 클래스메이트가 뒤떨어져서 다급하게 나를 부릅니다. 마치 물에 빠진 사람을 어쩌지 못하고 강둑에서 발을 동동 구르면서 외치듯 말입니다. 차분하게 이야기를 들어보니, 내가 발길을 옮긴 곳은 사유공간으로 의도치 않게 사유지를 침입한 것이었습니다. 이 경우 주인은 침입자에게 총으로 응대한답니다. 아, 이곳이 카우보이의 고장, 텍사스였습니다! 땅이 넓다보니, 사유지에 울타리를 치지 않은 경우가 대부분이지만, 외부인이 자신의 영역에 침범하게 되면, 장총을 들고 나와 위협하는 경우가 적지 않다고 합니다. 열려있으되 철저히 닫힌 공간입니다.

미국의 주택에는 물리적으로 닫힌 공간은 따로 있습니다. 바로 뒷마당입니다. 한국식으로 하자면 앞마당입니다. 그들의 정원 겸 텃밭 공간입니다. 자동차가 드나들고 사람이 집안으로 들어오는 열린 공간은 집 구조로 보면 사실 앞면이 아니라 후면으로, 일단 현관문이 닫히면, 집안과 뒷마당은 철저히 외부와 차단되는 사적인 폐쇄공간이 됩니다. 뒷마당은 높은 펜스로 둘려 이웃과는 단절됩니다. 이 공간은 주인의 허락이 있어야만 출입할 수 있으며 서로의 사적인 공간으로 존중해줍니다. 그렇다고 이 물리적인 닫힘의 공간이 미국인들의 마음의 닫힘으로 연결되는 것은 아닙니다. 자신의 영역과 삶, 생각이 존중되는 한 미국인들은 타인에 마음을 열어두고 소통의 자세를 갖습니다. 그래서 길을 가다 눈이 마주치면 웃으면서 인사를 건네고, 처음 만나는 사람하고도 자연스럽게 대화가 이루어집니다.

요즈음 한국에서도 새롭게 들어서는 서양식 전원주택에는 담이 없는 집이 참 많습니다. 밖에서 보면 정원이 훤히 들여다보입니다. 지자체가 주도하여 담장 낮추기 혹은 담 허물기와 같은 운동이 벌어지기도 합니다. 전에 살던 아파트 인근의 초등학교도 담을 허물었습니다. 그 개방감이 훨씬 좋아 보였습니다. 저도 집을 지으면서 제일 고민했던 부분이 외부와의 경계를 어떻게 할 것인가의 문제였습니다. 한국의 전통 돌담과 흙담처럼, 닫혀있되 열린, 열려있되 사적인 생활이 보장되는 닫힌 공간이기를 원했습니다. 결과적으로는, 우리 집은 물리적으로 닫힘보다는 열림의 공간이 되었습니다. 담 대신 낮은 언덕을 조성하여 안과 밖의 경계를 지었습니다. 애초에는 나무를 이용하여 지금보다는 좀 더 사적인 공간으로 꾸미겠다는 계획이 전제된 결정이었습니다만, 살다 보니 그럴 필요가 있을까 하는 마음이 듭니다. 물리적으로 열린 공

간이지만 그 안에서 마음의 평온을 즐길 수 있게 되었기 때문입니다.

　　물리적 열림보다 중요한 것은 외부에 대한 집주인의 마음의 열림과 소통이라는 점은 지금도, 앞으로도 여전히 유효합니다. 얼마 전에 우리 집 마당 앞으로 난 도로변 풀을 모두 제거하고 사계패랭이와 메리골드 씨를 뿌렸습니다. 앞 마당과 도로 사이로 쌓아 올린 둔덕에 가려 밖으로 나가야만 볼 수 있는 곳이지만, 지나가는 사람과 조금이라도 꽃이 선사하는 즐거움을 나누려는 생각에서입니다. 내년 봄에는 꽃을 내겠지요. 다음 봄이 기다려지는 이유가 하나 더 늘었습니다.

안반데기운유길의
낯선 광경

"절도행위를 금하여 주시기 바랍니다"

바우길 17구간인 안반데기운유길, 처음 이곳을 찾았을 때, 이국적인 풍경이 '우리나라에도 이런 곳이?'할 정도로 매우 인상적이었습니다. 이어진 활 찐 둔덕에 고랭지 배추와 양배추가 앞뒤 좌우로 정렬하여 가지런히 자리를 잡고 있는 모습과 규모에 놀랐습니다. 배추 빼곡한 구릉지에 줄지어 자리 잡은 하얀 풍력발전기들의 모습은 이국적 풍광을 더해주었고, 풍력발전기 위로 맑은 하늘에는 자유자재로 흐르는 뭉게구름 행운유수가 낭만적인 풍광을 자아냈습니다. 산허리로 갑자기 안개라도 몰려올라치면 그 풍치는 형언하기 어려울 지경입니다. '안반데기운유길', 풍력발전기와 배추밭 사이로 난 이 길을 따라 구름 위로 걷는 이름 그대로 낭만가도입니다.

고랭지 배추 출하를 앞둔 8월 말, 일출을 볼 겸해서 새벽에 안반데기를 다시 찾았습니다. 도착해서 보니 여전히 캄캄합니다. 풍력발전기 돌아가는 소리만이 들립니다. 발전기 날개 돌아가는 소리가 이렇게

컸던가 하고 귀가 의심될 정도입니다. 시각이 활동을 못 하고 청력에만 의존하기 때문이겠지만, 가까이에서 날개 돌아가는 소리는 위협적입니다. 소리의 발원을 쫓아 올려다본 하늘 광경에 깜짝 놀랍니다. 그야말로 별이 쏟아져 내립니다. 이런 별 잔치는 참 오랜만입니다. 어려서 시골에 자랄 때는 자주 보던 풍경이건만 도시 주변은 밤에도 불빛이 별빛보다 기세를 부리니 별 볼 낭만은 별 볼 일 없어진 지 오랩니다. 강릉에 살면서 동해안 해돋이를 볼 셈으로 여러 번 바닷가로 나가보지만, 제대로 된 모습을 만날 확률은 그리 높지 않습니다. 그만큼 해돋이는 날씨와 기후에 달려있어서 운도 있어야 합니다. 동쪽으로 펼쳐진 산 위로 희붐하게 새벽이 밝아옵니다만, 극적인 장면연출 없이 이내 해가 모습을 드러냅니다. 별다운 별을 즐겼으니 아쉬움은 없습니다.

　　해 뜬 뒤 모습을 드러낸 이곳 배추밭 정경이 이전과는 사뭇 다르

다는 느낌을 받습니다. 구릉지에 가득 들어찬 배추들이 새벽 기운에도 생생하지 못한 모습입니다. 일부 밭에는 못난 배추들이 널브러져 있습니다. 반대편 능선으로 올라가기 위해 삼거리로 내려오다 예상치 못한 현수막과 마주칩니다. "절도행위를 금지하여 주시기 바랍니다." 국내 최대의 고랭지 재배단지인 안반데기에서 이런 삭막한 현수막이 내걸린 것은 처음 목격합니다. 무슨 일이 있었던 것일까 궁금해졌습니다.

진짜 도둑은 기후변화였습니다. 올여름 한반도에는 유난히 비가 많이 내렸습니다. '정상적' 패턴이라면, 6월 말부터 7월 중순까지 장마가 지고 그 뒤로부터는 날이 더워지고 맑은 날씨가 이어지는 소위 '강수 휴지기'에 놓이게 됩니다. 하지만, 최근 들어, 한반도에 '비정상적'인 여름철 날씨 패턴이 생겨나고 있습니다. 기상청에 따르면, 장마 기간은 늘어나고 전체 강수량은 줄어들며 국지적인 집중호우가 빈번하게 발생한다는 것입니다. '장마'라는 용어는 '길다'라는 의미의 長과 물을 의미하는 고어인 '맣'가 합성된 단어라는 점에서 이 새로운 날씨 현상을 더 잘 반영하고 있지만, 우리의 개념 속에 자리 잡은 장마하고는 많은 차이가 생긴 것입니다. 더불어, 기온도 올여름이 예년과 비교하면 더 덥습니다. 전문가들은 이러한 여름철 날씨 변화의 원인으로 기후변화를 들고 있습니다. 한반도 주변의 태평양 바다 기온 상승, 유라시아 대륙의 적설량 변화, 열대 몬순 기압골과 오호츠크해 기단과 극지방의 기단변화로 인한 기후시스템의 변동 결과라고 합니다.

안반데기와 같이 고도가 높은 고랭지 지역은 여름철에 상대적으로 온도가 낮기 때문에 습도와 고온에 약한 배추를 여름에도 출하할 수 있습니다. 하지만 이 안반데기도 올여름에는 고온과 국지성 호우를 피해 가지 못했습니다. 이곳 고랭지의 배추도 짓무르고 썩어 작황이 사상 최악인 상황에서 배추 값은 그야말로 '금값'이 되었습니다. 그러다 보니 고랭지의 배추가 절도 당하는 일이 발생하고 있어서 이곳 농민들은 '농작물 절도행위 금지'란 현수막까지 걸어놓아야 하는 지경까지 된 것입니다. 안타까운 일입니다. 안반데기의 역사를 알면 더더욱 그렇습니다.

'안반데기'란 지명을 처음 들었을 때 그 의미가 궁금했습니다. 알고 보니 '안반'이란 떡메로 떡쌀을 칠 때 밑에 받치는 덕판을 의미하며, 이곳 지형이 떡판처럼 우묵하면서도 평평하게 생겼다고 해 붙여진 이름이었습니다. 여기에 구릉 지대를 뜻하는 강원도 사투리인 '덕,' '데기'가 붙어 '안반덕,' '안반데기'라고 불립니다. 지명 자체도 정감이 갑니다. '안반데기'는 한국전쟁 후 화전민에 의해 개간이 시작되었습니

다. 한국전쟁 후 미국의 원조 양곡을 지원받아 개간이 시작되어, 1960년대 중반에 마을이 형성되었고, 1995년에는 주민들이 개간한 농지를 정부로부터 불하받으면서 현재 28 농가로 완전히 정착하게 됩니다. 해발 1100m에 달하는 고지대에 경사가 심하고 돌이 많다 보니 기계농이 어려워 소로 밭을 일구고 직접 손으로 농사를 지어야 했던 고단한 삶을 살아온 땀이 배어있는 곳입니다. 황무지였던 안반데기를 일구던 개척정신과 지난했던 삶의 애환이 깃든 애옥살이 생활상은 마을회관을 리모델링해서 복원해둔 화전민 사료전시관에서 엿볼수 있습니다.

이곳의 독특하고 뛰어난 자연풍광은 4계절 방문객들을 불러 모읍니다. 봄에는 호밀초원이, 여름에는 감자꽃과 고랭지채소로 덮인 장관이, 가을에는 탁 트인 높은 하늘과 하얀 풍력발전기 풍차의 조화가, 겨울에는 눈 덮인 설경이 장관입니다. 하지만 잊지 말아야겠습니다. 이곳은 방문객들을 위한 쉼 터가 아닌, 정착민들이 하늘의 운에 의지하며 자연의 순리에 기대어 검허하게 하루하루 삶을 버겁게 영위해가고 있는 삶의 터전이란 점을요.

가을 들녘,
풍요의 두 얼굴

가을 들녘에는 풍요로움과 풍요의 빈곤이 공존합니다.

바우길의 가을 들녘에는 넉넉함이 있습니다. 바우길에서 마음이 가장 풍요로워지는 경험은 가을 들녘을 걸을 때입니다. 동해안 하면 으레 바닷가와 어업, 수산업을 생각하지만, 큰 마을이 들어선 곳은 대개 인근에 넓은 들이 펼쳐져 있습니다. 강릉지역에서 들이 넓고 마을이 발달한 대표적인 곳이 구정 뜰과 사천 뜰입니다. 바우길 여러 구간이 이들 뜰을 따라서 때로는 가로질러 나 있습니다. 가을이면 이들 뜰은 말 그대로 황금 들판으로 변합니다. 벼가 노랗게 익어가는 것이지요. 노란 물결 위로 빙글빙글 도는 잠자리 떼처럼, 이 들녘에 들어서면 하염없이 지정 거리고 싶은 마음이 저절로 생깁니다.

바우길 중 4번 '사천둑방길,' 7번 '풍호연가길,' 15번 '강릉수목원 가는 길'이 두 들녘을 통과합니다. 사천둑방길은 대관령 자락이 동해 바다를 향하여 몸을 낮춘 숲을 거치면 산기슭 자드락에 자리 잡은 이름도 예쁜 해살이 마을에서부터 종점인 사천해변공원까지 넓게 펼쳐진

사천 뜰을 통과하는 길입니다. 봄부터 가을까지 둑길과 개천가에 피는 온갖 야생화와 들풀이 정겹고 가을의 누렇게 익어가는 벼는 풍족함과 더불어 마음을 겸손하게 만듭니다. 허균이 태어난 애일당 마을 앞 꼬부랑 논둑길은 놀이터가 되어 주었던 어린 시절 제 고향의 아련한 추억을 되돌려줍니다.

구정뜰도 사천뜰 못지않게 넉넉함이 있습니다. '강릉수목원 가는 길' 구간인 솔향수목원에서부터 구정 문화마을까지 왼쪽에는 너른 논, 오른쪽은 마을과 밭으로 이루어진 뜰입니다. '풍호연가길'의 출발점인 학산 굴산사지 터에서부터 안인 바닷가까지도 너른 논밭이 이어집니다. 실제로 두 해 전 구정 학산마을의 뜰 언저리에 집을 들여 살기 시작한 뒤로, 아내와의 주말 산책길이 이곳으로 바뀌었습니다. 영농철인 봄과 여름에는 농약 냄새로 인해 자주 찾지는 않지만, 곡식이 익어가는 초가을부터는 자주 구정 뜰을 걷습니다. 노랗게 익어가는 벼 사이로 난 농로를 따라 걷는 것만으로도 마음은 한없이 풍요로워집니다. 제 소유의 농작물이 아닌데도 말이죠. 돈 한 푼 안 들이고, 땀 한 방울 흘리지 않고 누리는 이런 호사가 어디 있겠습니까.

하지만 풍요의 늦가을에 예상치 못한 장면을 마주하곤 합니다. 농부의 염려와 관심, 돌봄과 정성으로 탐스럽게 자란 농작물이 수확 시기를 넘기고 덩그러니 남겨져 있는 장면입니다. 주로 배추나 무, 파, 감자와 같은 밭작물입니다. 작년에는 우리 집 주변의 널따란 밭에 아름드리 배추가 고스란히 서리를 맞고 겉잎은 누렇게 변해 있었습니다. 올가을에는 이웃 밭에 팔뚝만한 무들이 수확기를 넘기고 허연 뱃살을 드러낸 채 도열해 있습니다. 농사가 아주 잘 돼 전체적으로 수확량이 많아져 팔아봐야 인건비와 운송비도 충당이 안되기 때문입니다. 풍요 속의 빈곤입니다. 농민에게는 농작물이 낭만적 메타포가 아니라 엄연한 현실입니다. 풍년의 아이러니는 어제오늘의 일은 아닙니다. 방송에서도 심심치 않게 접해 왔던 '그들'의 문제였지만, 이제는 제 이웃의 아픔이다 보니 화면 속 3분 동안만의 안타까움으로 그치질 않습니다.

풍요 속의 빈곤. 객관적으로 보자면, 농업이 시장경제에 편입되고 농산물이 시장가격에 의해 결정되는 구조적인 문제입니다. 풍요 속의 빈곤 상황이 초래되면 특히 사회적 약자들이 빈곤의 고통을 호되게 겪습니다. 해마다 지구촌 어느 곳에서나 벌어지는 현상입니다만, 역사적으로 농작물의 풍요 속의 빈곤이 두드러질 때가 있었습니다. 요즈음 우리나라에서 급격하게 '국민 음료' 격으로 부상한 한 잔에 수천 원이나 하는 커피가 한때 산지에서 대규모로 소각된 적이 있습니다. 1900년대

3   인간·자연 공존의 길

초반 브라질에서 벌어진 일입니다. 1800년대 중반부터 브라질은 세계 최대 커피 생산국으로 급격히 부상했습니다. 커피나무 재배에 유리한 비옥한 토지와 기후, 정부의 집중적 투자, 지구상에 최후까지 존속했던 노예노동력 활용으로 경쟁상대가 없었습니다. 전 세계적으로 커피 소비는 크게 늘지 않는 상황에서 커피 생산량은 급격하게 늘어남으로써 1900년대 초반에 이르면 커피 가격은 크게 하락하고 브라질 정부는 일정 수출가격을 유지하기 위해 강제적인 물량조절에 들어갑니다. 정부가 나서 대량으로 구매하여 비축했지만 문제가 해소되지 않자 급기야 생산된 커피를 대규모로 소각하거나 바다로 싣고 나가 폐기하게 됩니다. 그 손해는 고스란히 커피농사를 짓는 농민들에게 전가됩니다. 커피는 그때나 지금이나 기호품이니 가격이 비싸면 소비자 입장에선 마시지 않으면 그만으로 풍요 속 빈곤은 큰 관심사항이 아닐 수 있습니다.

하지만 풍요 속의 빈곤이란 시장경제 논리의 냉혹함이 반인륜적 성격을 띤다면 어떨까요? 이런 일이 1800년대 후반에서 1900년대 초반에 걸쳐 '풍요의 나라' 미국, 그중에서도 '젖과 꿀이 흐르는' 캘리포니아에서 벌어집니다. 중서부의 토지가 과도한 경작으로 황폐해지면서 더는 농사를 지을 수 없게 되자 농민들은 대규모로 캘리포니아로 모여듭니다. 센트럴밸리를 중심으로 캘리포니아에서는 다양한 과일과 농경이 활달하게 벌어지고 있었고 대부분 이윤을 최우선으로 두는 대규모의 산업농이 자리 잡고 있었습니다. 당시, 너무나 많은 이주노동자가 몰려들었기 때문에 농장에서 일자리조차 얻는 일이 대단히 어려웠고, 얻는다 하더라도 이들이 받는 임금으로는 그날그날 생계를 유지해나가기도 빠듯했습니다. 결국, 많은 사람이 기아에 허덕였고 아사자도 부지기수였습니다. 아이러니는 이렇습니다. 배고파 죽어가는 사람들의 눈

앞에는 달콤한 향과 과즙을 듬뿍 담고 있는 탐스러운 복숭아와 오렌지가 풍작으로 끝없이 이어지는 과수원의 바닥에 지천으로 널브러져 상해가고 있다는 사실입니다. 어린 자식이 굶어 죽어가고 있는 상황에서도 아버지는 땅에 떨어진 과일 하나 주어 올 수 없습니다. 총부리를 겨누는 과수원 경비 때문입니다. 노벨문학상 수상작가인 존 스타인벡의 『분노의 포도』가 바로 당시 이들 이주노동자의 기가 막힌 상황과 삶을 다룬 소설입니다.

먼 시대, 먼 나라 이야기를 했습니다만, 풍요 속 빈곤이란 아이러니는 우리나라에서도 지속적으로 벌어지고 있다는 점은 새삼스러운 일이 아닙니다. 어찌해야 할까요? 세계의 경제가 돌아가는 시스템인데 국가 차원에서도 해결은 제한적일 수 밖에 없을 듯합니다.

그러면?

오늘 아침엔 아내와 함께 지역농민 직영 방식으로 운영되는 지역 마트 내 '로컬 푸드 코너'에서 장을 보았습니다.

대관령 목장 가을 풍광

'양이 사람을 먹어치운다'

강릉지역에서 가을이 가장 먼저 오는 곳은 대관령 자락입니다. 우선 이곳 숲이 먼저 색깔이 바뀌면서 헐거워집니다. 해발이 높다 보니 공기가 먼저 차가워지고, 나무들은 이내 겨울 준비를 서두릅니다. 농민들만 가을에 추수하는 것이 아닙니다. 나무들도 秋水를 합니다. 겨울에 얼지 않기 위해 제 몸의 물을 빼내는 작업이 추수입니다. 나뭇잎 색깔이 바뀌는 것도 추수 때문입니다. 잎자루와 가지 사이에 떨켜가 만들어져 영양분이 차단되고 광합성 중단으로 파괴된 엽록소에서 가려져 있던 색소들이 붉고 노란 갈색의 모습을 드러냅니다. 대관령의 또 다른 가을 전령은 하늘입니다. 가을 하늘이 유난히 청명하고 높아 보이는 것은 차가워진 공기 때문입니다. 기온이 먼저 내려가는 대관령 자락에 가을 하늘이 먼저 도착하는 것도 당연합니다. 대관령 자락과 선자령 능선이 절기마다 매력적인 풍광을 선사하지만, 특히 가을 풍광은 더더욱 매력적입니다. 여기에 멋을 더하는 것이 넓게 펼쳐진 목장과 풍력발전기들입니다. 푸른 하늘과 널 푸른 목장 초지 사이로 줄 지어선 하얀 풍력

발전기들은 협력하여 이국적인 풍광을 펼쳐 보입니다.

　대관령 바우길 구간에는 큰 규모의 목장이 3개 있습니다. 양떼목장과 삼양목장, 근래에 일반에 공개된 하늘목장입니다. 이들 목장은 백두대간 자락을 따라 해발 800~1500m 지역에 자리 잡은 천혜의 광활한 초지 목장들입니다. 이곳에 소 떼와 양 떼들이 무리 지어 여유롭게 풀을 뜯고 있고, 목장의 경계를 이루는 백두대간 등마루를 따라 거대한 하얀 풍력발전기가 마치 병풍처럼 목장을 에두르고 있습니다. 목책로를 따라 걷다 보면, '살아서 천년, 죽어서 천년 간다'라는 수 백 년 수령의 기품 있는 주목과 만나기도 하고, 정상 동해전망대에 서면 동해바다와 강릉, 주문진이 오롯이 한눈에 들어옵니다. 풍광만으로도 드라마나 영화 촬영지로 주목받아온 충분한 이유가 됩니다.

이곳이 또 다른 이유로 주목받은 적이 있습니다. 정부가 국회에 제출한 소위 산악관광진흥법 때문입니다. 산지를 관광자원으로 개발하여 '한국판 필라투스'를 육성하겠다는 계획입니다. 우리나라는 산지 면적이 차지하는 비중이 크다 보니 정부로서는 산지를 이용한 관광을 전략육성산업으로 키우려는 계획을 세우곤 합니다. 특히, 산림비율 82%를 차지하고 있는 강원도는 산악관광에 대한 관심이 어느 지역보다도 자연히 높습니다. 강원도는 정부의 움직임에 맞춰 산악관광 종합개발계획의 하나로 개발 후보지를 물색하면서 가장 유력한 곳으로 이들 목장이 자리 잡은 대관령 일대를 염두에 두었다고 합니다. 보도에 따르면, 이들 목장은 이 계획을 쌍수로 환영하면서, 대규모 숙박시설과 곤돌라, 레스토랑 시설을 갖추고 트레킹코스와 전망대, 습지대 탐사 등을 연계해 자연체험과 체류 관광의 복합단지로 개발할 구체적인 계획까지 마련했다고 합니다.

여러 해 전, 스위스의 루체른을 방문한 적이 있습니다. 취리히에서 기차로 이동하여 루체른 역을 빠져나오자 시야에 전개된 루체른의 첫 모습은 말 그대로 그림엽서 속의 세계였습니다. 중세도시풍의 탑과 붉은 기와지붕, 성당, 루체른 호수의 외륜선과 호수를 가로지르는 중세풍 나무다리, 무엇 하나 낭만적으로 보이지 않는 것이 없었습니다. 이 도시의 모든 요소를 하나의 통일된 그림으로 모아주는 것은 다름 아닌 필라투스 산이었습니다. 루체른 뒤로 웅장하게 버티고 서있는 2천 미터가 넘은 눈 덮인 필라투스 산은 스위스의 대표적인 산악관광지로, 산악열차와 곤돌라가 정상 부근까지 관광객들을 실어 나르고, 호텔도 들어서 있습니다. 일정상 아쉽게도 필라투스 산까지 가보지는 못하였지만, 루체른에서 올려다보는 것만으로도 탄성이 나왔습니다.

대관령과 이곳에 들어선 목장의 풍광이 루체른-필라투스에는 못 미칩니다만, 산악관광지로 우리나라에서는 손꼽힐 수 있는 조건은 충분하다고 봅니다. 여기에 매해 여름에 열리는 대관령 음악제라는 행사까지 가세한다면 더욱 그렇습니다. 루체른이 전 세계에 알려진 또 다른 이유는 매년 여름 한 달 동안 열리는 루체른 음악페스티벌 때문입니다. 현재에도 세계 최고의 고전음악 축제로 인정받고 있으며, 페스티벌 기간동안 해마다 전세계 음악 팬들이 꾸준히 찾고 있습니다. 2차 세계대전이 진행되고 있던 1938년 세계적인 지휘자 토스카니니가 루체른 인근의 바그너 저택 정원에서 갈라 콘서트를 연 것을 계기로 세계적인 연주 단체와 지휘자, 독주연주자들이 루체른 페스티벌에 참가해 오고 있습니다. 개인적으로는 필라투스만큼이나 언젠가는 꼭 구경해보고 싶은 페스티벌입니다. 그리워함으로써 누린 셈 치자는 어느 작가의 표현을 빌려 그 날이 올 때까지 지금은 스스로 위안을 삼고 지내고 있습니다. 지리적으로 가깝다 보니 저도 대관령 음악제가 열리면 듣고 싶은 연주회를 찾습니다. 첼리스트 지안 왕이나 세종솔로이스츠처럼 해마다 참가하는 고정 연주가와 단체도 있지만, 해마다 새로운 연주가와 단체가 참가하기 때문에 부지런 떤다면 훌륭한 연주를 접해볼 수 있는 특혜를 누릴 수 있습니다. 문화적 혜택에서 서울이 부럽지 않은 유일한 기간이기도 합니다.

아름다운 풍광과 한여름 밤의 선율에도 불구하고, 대관령 목장을 떠올리면 "양이 사람을 먹어 치운다"는 영국의 토마스 무어가 『유토피아』에서 한 말이 자꾸만 겹칩니다. 18세기 영국의 풍경화에 등장하는 장면에는 공통된 요소가 있습니다. 울타리로 둘러쳐진 목초지에 양들이 한가롭게 풀을 뜯는 미적 요소가 뛰어난 목가풍의 정경이 그것입니

다. 하지만, 그 아름다운 풍광 이면에는 서민들의 아픔이 숨겨져 있습니다. 영국에서는 일찍이 14~15세기부터 윤작법과 같은 농업과 목축기술이 발달하여 소작계약이 늘어나게 되었고 이에 토지 수요가 높아지게 됩니다. 그러자 지주들과 귀족들이 공유지까지 사유화하여 울타리를 치는 소위 인클로저 운동이 벌어집니다. 그동안 공유지에서 야생식물을 채취하거나 땔감용 벌목을 구하고, 가축을 방목해왔던 서민들은, 이로 인해 경제활동뿐만 아니라 생계 위험까지 받게 됩니다. 한편, 지주들은 농사보다는 일손이 적게 드는 목축지를 더 선호하고 목축이 더 많은 수익을 가져다준다는 점 때문에 농경지를 목축지로 전환합니다. 이후, 산업혁명으로 인해 방직업이 성행하자 양모 값이 폭등함으로써, 귀족과 대지주들은 그나마 남아있던 공유지를 사유화하여 그곳에서 농사짓던 소작농을 쫓아내고 양을 키우는 목초지로 개간하는 제2차 인클로저 운동이 전개됩니다. 대대로 땅을 일구며 살아왔던 소작농들은 삶의 터전을 잃게 되어 도시의 빈곤 노동자로 전락하게 됩니다. 토마스 무어는 이러한 현상을 "양이 사람을 먹어 치운다"라고 표현했습니다.

대관령 목장은 영국에서 벌어진 상황과는 다릅니다. 하지만 다른 차원에서 '양이 사람을 먹어치울' 수 있는 요소가 내재하여 있습니다. 즉, 목가적인 풍경의 이면 속에 환경문제가 도사리고 있습니다. 목장개간과 산악관광개발은 환경문제와 직결되어 있고, 이로 인한 피해는 고스란히 인근 주민주민들에게 전가될 소지가 있습니다. 지금은 정화시설이 그나마 갖추어져 있어서 그 폐해가 줄어들었지만, 목장으로 개발된 1970년대와 그 뒤 1980년대까지 가축 분뇨가 그대로 인근 하천으로 흘러들었습니다. 황병산에서 발원하여 횡계 시내를 통과하여 정선,

영월을 거쳐 남한강에 합류하는 수려한 풍광을 자랑하는 송천이 있습니다. 이 송천이 대관령 목장이 들어서기 이전에는 유리알처럼 물이 맑았다 합니다. 하지만, 인근 고랭지 채소밭에서 흘러내린 비료, 농약성분과 더불어, 목장이 들어선 이후 축산폐수가 유입됨으로써 오염된 하천으로 전락했습니다. 1989년 10월 21일 자 경향신문 기사에는 송천이 20cm 깊이도 들여다볼 수 없이 희뿌옇게 변색된 물이 흐르고 부유물질이 두텁게 바닥을 뒤덮었으며, 그곳에서 식수도 길러 먹고 물고기도 잡아먹던 주민들은 이제는 빨래조차 할 수 없고 악취로 고생이 이만저만이 아니라고 보도되어 있습니다. 그 뒤 목장에서도 정화시설을 갖추고 더는 가축 분뇨를 그대로 흘려 내려보내지 않았지만, 송천의 수질은 지금까지도 크게 나아지지 않고 있습니다. 바닥에 가라앉은 부유물질이 워낙 두껍기 때문입니다. 1989년 송천을 막아 도암댐이 들어서고 여기에 강릉수력발전소가 건설됩니다. 동해안 최초의 수력발전소로 지하수로를 통해 낙차를 이용하여 발전하는 방식입니다. 문제는 송천의 오염된 물이 강릉시 남대천에 유입됨으로써 수질 오염 문제가 야기되었다는 점입니다. 결국, 시민들의 항의로 발전소는 운영이 중단되었습니다.

정부의 산악관광진흥법에 의한 대관령 목장의 산악관광개발 역시 '양이 사람을 먹어 치울' 소지가 다분합니다. 이 안은 지난 19대 국회에도 제출되었지만, 생태계 파괴, 자연자원 훼손, 부동산 투기, 난개발 조장 등 환경파괴 우려가 상당하다는 전문위원들의 지적에 따라 국회 관련 상임위에서 논의조차 이루어지지 않았다고 합니다. 정부가 그 다음 회기에도 폐기된 법안을 그대로 제출했던 것을 보면, '대관령 필라투스' 아이디어는 언제든지 재현될 수 있습니다.

'양이 사람을 먹어치운다.' 목장의 양이나 소가 무슨 잘못이 있겠습니까? 생태계를 고려하지 않는 일부 사람들의 자본주의적 단견과 욕심이 문제지요. 실상 양만큼 순하고 사람을 잘 따르는 동물도 드물다 합니다. 기독교 성서에서 믿음 생활을 유독 양에 자주 비유하는 것은 유대인들이 주로 유목 생활을 했던 생활사를 반영했던 까닭이기도 하지만, 양들의 생물학적 특성과도 관련이 있습니다. 순하고 맑은 눈망울과는 달리 양은 시력이 매우 약하다고 합니다. 그래서 먹이를 찾아 이동하는데 목동과 같은 인도자가 필요한 이유입니다. 먹이로 인도해주는 목동을 안 따를 이유가 없겠습니다. 자신의 목동 이외에는 남이 강제한다고 따르거나 듣지 않습니다. 호주에는 이러한 동물의 생물학적 특성을 이용해서 목장을 운영하는 곳이 많다고 합니다. 울타리에 양을 가둬두기보다는 목장 곳곳에 우물을 파서 우물 인근을 벗어나지 않도록 하는 방법입니다. 양 중에서도 특히 말을 잘 듣는 양이 있다고 합니다. 소위 '유다 양'이라고 불리는 양으로, 양몰이를 하거나 양들이 싫어하는 트럭에 태울 때 이 양을 선두에 세우면, 다른 양들이 그대로 따른다고 합니다. 양들의 처지에서 트럭에 실려 팔려나가는 상황을 앞장서서 이끌었다 해서 예수를 팔아먹은 유다에 비유했던 것 같습니다.

내일은, 대관령 선자령풍차길을 따라 양의 눈동자에 담긴 맑은 가을 하늘을 내 마음에 담아오고 싶습니다. 이 가을엔 양의 눈망울이 나를 삼켜주었으면 합니다.

4

역사·문화의 길

커피가 강릉으로 간 까닭은

궁금했습니다.

'저는 지난 10여 년간 다니던 직장생활을 접고 바리스타로서 커피를 만들면서 제가 정말로 열정을 갖고 행복을 찾을 수 있다는 사실에 참 감사했습니다. 이 열정이 저를 지금 이 자리에 참여하게 했습니다.' 강릉커피축제의 핸드드립 경연에 참가한 한 여성 바리스타의 열정만큼이나, 바우길 걷기 좋은 10월이 되어 경포인근을 걷다보면 강릉커피축제장의 열기를 목격할 수 있습니다. .

강릉이 어떻게 '커피도시'가 되었을까요? 2009년 강릉에서 커피축제를 개최한다는 소식을 접하고 '강릉과 커피'? 의아했습니다. 저만이 아니었을 겁니다. 강릉 사람이건 외지 사람이건 의아해 하기는 마찬가지였을 겁니다. 당시에 커피 마니아들에겐 보헤미안이나 테라로사가 어느 정도 알려지긴 했지만, 강릉이 커피 산지도 아니고 특별히 커피와 연관된 역사적 배경이 있는 것도 아니기 때문에 시에서 주관하는 축제로까지 내놓기에는 아무래도 어색했습니다. 세상일이 항상 합리성이나 상식에 기반해서 진행되는 것만이 아니듯, 커피축제도 그랬습니다. 알고 보니, 2007년 한 일간지에 「커피가 강릉으로 간 까닭은」이라는 르포 기사가 실렸고, 이를 브레인스토밍해서 축제가 시작되었답니다. 이 기사에는 세 명의 커피 장인들이 어떻게 각자 강릉에 자리를 잡았는지와 당시 커피 소비층이 두텁지 않았던 시절이지만 이들 장인을 중심으로 커피 마니아들 사이에서 강릉이 커피로 관심을 일으켰다는 내용이 실려 있습니다. 지금 되돌아보니 잊혀버릴 수도 있었을 이 기사가 나비효과를 유발한 셈입니다.

영동고속도로가 불편한 시절에도 보헤미안의 박이추씨가 직접 내려주는 커피를 마시러 서너 시간을 들여 서울에서 차를 몰고 와서 커피를 마시고는 곧바로 되돌아가는 진정한 마니아들이 있었다고 합니다. 2002년 오픈한 테라로사도 지금은 직원 휴게공간으로 사용하는 시골 창고 같은 매장에도 '커피투어'로 제공되던 여러 종류의 스페셜티 커피를 진지한 표정으로 음미하던 고객들의 발길이 있었습니다. 제게도 보헤미안과 테라로사의 초창기 커피맛과 분위기에 대한 기억이 생생하게 남아있습니다. 지금은 이 두 곳 말고도 강릉 일원에는 나름의 방법으로 독특한 커피를 추구하는 커피 '장인'을 꿈꾸는 사람들이 적지 않습니다. 여전히 통돌이 로스팅을 고집하는 손맛장인, 참숯의 스모키한 향을 커피에 스며내는 참숯로스팅 장인, 스페셜티 생두의 오리지널 향미를 살리기 위해 약배전을 고집하는 델리킷장인, 산사에서 커피를 직접 볶아 보시하는 스님장인 등등. 바우길을 걷다가 잠시 봇짐을 내려두고 쉬면서 혹은 바우길을 걷고 난 후, 이러한 독특한 철학이 있는 커피점들을 일부러 발품해서 찾아보는 일도 바우길 걷기만큼이나 재미있습니다.

사실 커피 장인들의 '명소'가 주목받기 전에 이미 강릉에는 지역민들과 일부 관광객들 사이에 알려진 '커피거리'가 있었습니다. 지금은 카페거리로 변신한 안목해변이 그곳입니다. 이곳은 외지인들은 잘 찾지 않던 곳이었습니다. 해변에는 번듯한 건물하나 찾아보기 어려운 시골스러운 분위기였지만, 도로를 따라 설치된 커피자판기가 나름 사람들의 발길을 끌어 모았습니다. 자판기에서 빼 마시는 커피는 맛이 거기서 거기일 것이라고 생각하지만, 당시 자판기마다 맛이 달랐다고 합니다. 자판기 커피가 단순한 '커피믹스'에 불과하지 않았다는 것이지요 몇 번째 자판기가 특히 맛있다는 말이 돌면 그 자판기 앞에서는 가끔씩 줄이 늘어서기도 했었으니까요. 실제로 자판기를 관리하는 측에서 국산 콩가루나 잡곡가루 등을 첨가하여 맛을 차별화했다고 합니다. 시대를 내다보는 혜안이 있던 것은 아닐까요. 자판기를 운영하던 사람들은 믹스커피를 베이스로 각자의 블렌딩 비법으로 커피 맛을 창조하려는 선구적인 바리스타였던 것 같습니다.

저는 인스턴트커피를 좋아하지 않았지만, 비 오는 날이면 가끔씩 아내와 함께 그곳에 들러 자판기 커피를 빼 마시기도 했습니다. 저만이 아닌 듯 합니다. 비오는 날이면 커피자판기 앞에는 평소보다 더 많은 사람들이 있었던 것을 보면요. 비 오는 날 커피가 특히 맛과 향이 더 진합니다. 분위기도 한 몫 거들지만 습도로 인해 냄새 분자가 코 안에 착 달라붙어 향이 오래 머물기 때문이라고 합니다. 비 내리는 바다를 바라보면서 마시면 일반 '믹스커피'도 '스페셜티 커피'가 될 수밖에 없습니다. 집에서 커피를 볶아 드립커피를 만들어 마시면서도 비 오는 날이면 평소보다 커피를 더 마시게 되는 근거 있는 이유입니다.

한국만큼 커피 대중화가 급격하게 이뤄진 사례를 찾기도 없을 듯 합니다. 일제 강점기부터 성행했던 다방을 시작으로, 집에서도 편하게 타먹을 수 있는 믹스커피, 동전만 넣으면 바로 마실 수 있도록 된 자판기커피를 거쳐 지금은 국내외의 유명 커피체인점들이 전국의 수요상권에 빽빽이 들어차 있습니다. 여기에 일반인들도 스페셜티 커피를 구입하여 집에서 손수 내려 마시는 일이 이제는 일상이 되었습니다. 강릉에서의 커피 관심은 초창기의 커피명소에 대중화가 더해진 결과입니다. 요즈음 테라로사와 보헤미안은 주말이면 '커피 관광객'들로 인산인해를 이룹니다. 두 곳 모두 많은 사람들을 수용할 수 있는 대형 매장으로 이전했음에도 말입니다. 긴 대기줄 마다않고 들뜬 모습 속엔 자신들의 버킷리스트 한 줄 지워가며 갖게되는 일상의 행복으로도 보입니다. 강릉에선 풍경이 맛이 되었듯이, 이제는 커피가 풍경이 되었습니다.

커피에 대한 열정과 관심 현상에는 아쉬움이 있습니다. 커피의 대중화가 단순히 소비문화로 그치고 있다는 생각 때문입니다. 커피를 통한 녹색소비 의식 고취와 같은 보다 성숙한 문화로의 발전 가능성이 있음에도 말입니다. 17~18세기 영국의 커피하우스, 18세기 프랑스의 살롱문화, 18~19세기 비엔나의 문예카페는 사적인 교제만이 아니라 모든 시민이 참여하는 민주적 공론장으로서 변혁과 계몽, 문화의 꽃을 피우는데 대단히 중요한 역할을 했습니다. 일제 강점기와 유신독재시절 우리나라의 다방 역시 독립을 위한 민족혼과 민주주의 쟁취에 대한 열정적인 논의와 토론의 장이 펼쳐지던 곳이었습니다.

대개의 사회 변화에의 진정한 참여는 '나'의 경험치 에서 시작됩니다. 커피는 인간의 경험치가 얼마나 중요한지를 보여주는 지표입니다. 자연에는 카페인을 포함한 식물이 5가지가 존재한다고 합니다. 차,

커피, 카카오, 콜라열매, 파라과이 차입니다. 그런데 놀라운 것은 이미 원시인들에 의해 카페인 식물이 피로를 몰아낸다는 사실을 인지하고 이 5종이 모두 이용되고 있었으며, 지금까지 이들 식물 외에 카페인을 포함한 다른 식물들은 자연계에서 발견되지 않았다고 합니다. 우리 삶에서 깨달음이란 종교적 신심이나 철학적 명상만이 아니라 우리가 이용하는 식물이나 푸드를 통해 성취된다는 점을 이 식물인류학 내지 경험식물학이 말해주고 있습니다. 커피를 즐기는 현대인들 모두 경험식물학자입니다. 동시에 커피만큼 불공정 무역품목도 드물다는 점에서 또 다른 차원의 커피 애호가들의 경험치가 요구됩니다. 우리가 커피를 아무 생각 없이 소비하는 경우, 커피농부들은 가난의 굴레에서 벗어날 수 없고 이윤추구만을 위한 커피재배로 인한 환경폐해는 지속될 것이기 때문입니다.

그렇다면? '내'가 좋아하는 품질이 보장되는 커피를 앞으로 지속 가능하게 즐기기 위해서라도 생산지 농민의 처지와 자연환경에 대한 고려가 '내' 커피 한잔에 담기길 소망하면서 그러한 커피를 선택하는 일에서 시작하면 됩니다. 아니, 먼저 인식하는 것만으로도 의미있는 시작이겠네요. 커피를 통한 개개인의 녹색소비 인식과 실천이 새로운 21세기 지속가능한 커피문화로 발전되기를 꿈꾸면서 말입니다.

동행

바우길에는 옛사람의 숨결이 남아 있습니다.

한번은 아내와 함께 대관령 옛길을 걸을 때였습니다. 아내가 느낌이 이상하다는 것입니다. 마치 자기 주변에 사람들이 있는 것처럼 느껴진다는 것이지요. 대수롭지 않게 생각했습니다. 우리 앞이나 뒤에서 옛길을 오르거나 내려가는 사람들의 인기척 때문이라 여겼습니다. 잠시 쉬면서 기다려 봐도 당시 그곳에는 아내와 저뿐이었습니다. 아내에게 표현은 안했지만, 사실 저는 조금 오싹한 느낌을 떨칠 수 없었습니다. 어려서 친구 집에 놀러갔다가 어둑해진 뒤 혼자서 고갯길을 넘어오면서 누군가가 계속 따라오고 있다는 느낌에 혼비백산하여 집까지 내리달렸던 기억이 여전히 생생하기 때문입니다.

당시 아내도 '그들'이 누구인지 정확히 알 수 없었지만, 혹시 옛날에 그곳을 통해 오르내리던 사람들이 아닐까하는 느낌이 들었다고 합니다. 처음에는 엉뚱하게 들렸지만, 가만 생각해보니 그럴 수도 있겠다는 생각이 들었습니다. 대관령 옛길은 관동지방에서 관서로 넘어가는

주 통로로 많은 사람들이 무수히 오르내렸던 길입니다. 신사임당도 한양을 오가면서 다녔던 길입니다. 율곡도 홀로 계신 외할머니를 뵙기 위해 오르내렸던 길입니다. 훨씬 이전 신라시대에도 주요 교통로였습니다. 신문왕의 아들들이 오대산에 들어가 수행하기 위해 넘어간 곳도 대관령입니다. 고려 태조 왕건을 도와 후백제를 치기 위해 명주 사람 왕순식을 따라 나섰던 사람들도 대관령을 넘었습니다. 동해에서 생산되는 해산물 봇짐을 내륙으로 날랐던 상인들도 대관령을 넘었습니다. 대관령을 넘나들던 관리나 상인, 여행객들에게 숙식을 제공했던 대관령 옛길의 복원해 놓은 제민원은 참 많은 사람들이 이 길을 다녔다는 것을 말해 줍니다.

 대관령 옛길에는 밟히고 밟혀서 반질반질해진 발길 아래 바위나 돌, 나무뿌리, 그리고 길옆에 가지런히 쌓아올린 오랜 돌무더기가 쉽게 눈에 들어옵니다. 옛길을 오르내렸던 옛사람들의 흔적입니다. 옛길을 걸으면서 이들 흔적으로 인해 이 길을 걷던 옛 사람들의 존재를 우리는 무의식적으로 생각하거나 떠올리게 되고, 이런 일이 반복되면서 이들의 존재가 무의식 속에 저장되는 것은 아닌지 모르겠습니다. 길을 걷다보면 침묵의 순간들이 이어지고 상상력은 날개를 답니다. 별별 생각이 주마등처럼 스쳐갑니다. 바로 이때 발치아래 옛길의 흔적이나 길 옆 돌무더기로 인해 이곳을 오르내렸던 옛 사람들의 모습이 불현듯 그려지고 동행하고 있다는 느낌을 갖게 되는 것은 아닐까요. 이성적으로 설명되지 않는 일이 한 두 가지 던가요.

여러 해 전입니다. 미국서부장소와 자연문학에 관한 책을 쓰기 위해 미국 서부에 있는 아치스, 캐니언랜즈, 그레이트 솔트 레이크, 요세미티, 데스밸리 등 여러 장소를 수차례 방문했습니다. 각각의 국립공원을 탐방하면서, 그곳에 머무르며 작품 활동을 했던 에드워드 애비나 존 뮤어, 메리 오스틴, 테리 템페스트 윌리엄즈 등과 같은 자연작가들의 존재를 떠올리곤 했습니다. 물론 제겐 의식적 행위였습니다. 작가들이 이들 장소에서 머물고 거주하면서 느끼고 관계를 맺었던 그 특별한 감정을 이해하기 위해서였습니다. 이들 장소는 한국에서 볼 수 없는 독특한 지형과 경관, 생태계, 기후를 보이기 때문에, 이들 장소를 방문하기 이전에는 이들 작가들이 작품에 담아놓은 많은 이야기들이 제게는 마음으로 다가오지 않았습니다. 아니, 마음에 그림으로조차 그려지지 않았습니다. 이들 장소에 적어도 두 번 이상 방문하여 의도적인 작가들과의 '동행'이 있고 나서야 그들의 느낌이 어렴풋이나마 제 마음에 느껴지기 시작했습니다. 에드워드 애비와 '동행'하며, 델리킷 아치 앞에서 자연의 원초성과 무구한 세월의 흔적에 할 말을 잊고 애비처럼 몇 시

간이고 사막의 일점으로 박혀 있은 다음에야 작가가 스스로를 '사막의 쥐'라고 표현했는지와 그가 사막에서 즐겼던 고독을 어렴풋이 이해하게 되었습니다. 요세미티밸리에서 글래시얼포인트로, 하프 돔을 거쳐 네바다폭포, 버널폭포로 난 '뮤어 트레일'을 존 뮤어와 '동행'하면서 그가 평생을 그 지역에서 '산 사나이'로 살아가게 된 마음을 이해하게 되었습니다. 미국에서 가장 덥다는 데스밸리의 '갈수의 땅'을 메리 오스틴과 '동행'하면서, 그녀가 당시의 여성에 대한 사회적 편견에 저항하며 황량한 자연에서 벼렸던 불굴의 정신을 이해했습니다.

옛 고개가 정겨운 것은 그곳을 왕래하던 옛사람들의 흔적이 배어 있고 스토리가 얹혀있기 때문입니다. 옛길을 걸으면서 현실을 잠시 접어두고 '그들'과 대화하면서 동행하는 것도 분명 즐거운 경험입니다. 옛길에 옛사람들의 사연을 얹게 되면, 옛길이 더 유심해집니다.

주문진 등대

등대가 밤바다만을 비추는 것은 아닙니다.

바우길 제12구간 '주문진 가는 길' 사천해변에서 시작하여 주문진해변에서 끝나는 12.5km의 구간인 탁 트인 푸른 바다를 따라 걷다 보면 몸과 마음에 쌓인 체증이 확 날아가는 느낌이 들게 됩니다. '오늘은 어느 구간을 걷지?' 자주 동행해주는 아내와 특별히 계획해둔 구간이 없을 때, 이 구간을 자주 찾습니다. 바다를 끼고 있는 곳에 사는 대부분 사람의 경우처럼, 살다 보면 바다에 대한 감흥이 눅지는 것은 어쩔 수 없습니다. 하지만 가끔 바닷가로 나와 걷다 보면 바다가 여전히 좋다는 것을 느낍니다.

제게 이 구간이 특별히 느껴지는 이유는 등대와 등대마을이 있기 때문입니다. 일찍이 동해의 가장 큰 어항이었던 주문진이었던 만큼 큰 규모의 등대가 들어선 것은 당연합니다. 동해안에서 가장 오래된 등대라는 점 말고는 이 등대라고 특별한 점은 없습니다. 그런데도 이곳이 주문진의 '명소'로 소개되어 있고, 주문진을 방문하는 경우 이곳을 일

4　역사·문화의 길

부러 찾는 사람도 제법 많습니다. 주문진과 더불어 동해안의 대표적인 항구인 묵호항 뒤 언덕마을에 자리잡은 등대도 특별히 주목받을만한 경관이나 모습을 갖춘 건 아니지만, 사람들이 많이 찾는 명소가 되었습니다. 올여름 남해에서 세미나를 마치고 한려수도의 소매물도에 들리려고 했지만, 휴가철이라 방문객이 너무 많아 연화도로 방향을 틀었습니다. 소매물도에 사람들이 몰리는 것도 이곳이 '등대섬'이기 때문입니다. 사람들이 등대가 들어선 곳을 찾는 이유는 그곳의 특별함보다는 그저 '등대'가 있기 때문은 아닐까 합니다. '등대.' 무엇이 사람들을 끌어당길까요? 등대가 일으키는 감정은 무엇일까요?

등대만큼 풍부한 메타포를 지닌 단어도 사실 드뭅니다. 동서를 막론하고 그 많은 시인이 등대를 시어로 선택한 것만 보더라도 알 수 있습니다. '섬 시인'으로 알려진 이생진은 등대를 찾는 이유를 다음과 같이 노래합니다.

> 등대는 별에서 오는 편지와 별에게 보내고 싶은
> 편지를 넣어두는 우체통이다 …
> 그래서 사람들은 혹시나 하고 등대를 찾아가고
> 별에게 보낼 편지를 넣으려고 등대를 찾아 간다
> ─「자서」中에서

김정한 시인은 이 시에 덧대서 다음과 같이 적고 있습니다.

> 바다를 사랑한 시인이 그랬다
> 등대는 외로운 사람들의 우체통이라고

누군가를 기다리며 바닷길을 환히 밝혀주는 등대는 기다림을 먹고 산다

바다를 바라보며 우두커니 서 있는 등대처럼 내 그리움을 묶고 또 묶어
편지로 보내면 바다를 건너 누군가가
받아 줄 것만 같다

서두르지 않고 기다리면 만나야 할 사람은
만나고 풀리지 않던 일도
해결된다는 지혜를 등대에게 배운다
언젠가는 깊은 마음을 알아주기라도
하듯 등대는 말없이 우두커니 서서 기다린다

언젠가는 그가 비추는 불빛이 가려진
내 속마음을 환히 들여다보며 나를
토닥여주는 그런 날이 있으리라 믿으며
등대에게 우연이라도 기대어본다.
-「가끔 우연에 기댈 때가 있다」 전문

    그래서일까요? 묵호 등대 아래에는 "행복 플러스 우체통"이라는 빨간 우체통이 자리를 잡고 있습니다. 우체통 옆구리에 적힌 "나를 찾아 떠나는 시간, 동해여행"이란 문구가 시인이 노래한 등대의 이미지를 잘 담아내고 있는 것을 보면, 묵묵히 제자리를 지키며 거친 밤 바다에 지친이들을 토닥이며 불빛 길을 내어주는 등대에서 자아를 찾고 위로받는 느낌은 모든 사람의 시정이 아닐까 합니다. 흔히 사람들은 자신의 삶이 만족스럽고 행복할 때 보다는 어렵고 힘든 상황에 부닥쳐있

을 때, '나를 찾아 떠나는 시간'을 갖게 됩니다. 우리는 습관적으로 '지금'이 어느 때보다도 가장 힘들고 어려운 시기라고 생각하는 경향이 있습니다. 되짚어 보면 우리 인생에서 '어렵지' 않았던 시절이 있었나요? '어려웠던' 과거가 그다지 어렵지 않았던 경험으로 다가오는 것은 시간의 압축성과 망각 때문입니다.

등대를 찾는 사람들의 표정을 가만히 살펴봅니다. 어두운 표정보다는 대개는 밝고 들뜬 모습들입니다. 함께 찾은 가족이나 연인, 친구들과 쾌활하게 대화하고 스마트폰에 모습을 담아 지인들에게 나르느라 손이 분주합니다. '말없이 우두커니 서서 기다리면서 내 속마음에 빛을 밝혀주고 토닥여주는' 등대의 의미를 마음으로 헤아리던 시절은 지난 것일까요? 온갖 디지털로 연결되고 얽히고설킨 현대에 사는 우리는 모두 마음 깊은 곳에서 더욱 외톨이라는 사실을 애써 감추는 것은 아닌지 모르겠습니다. 아니, 등대를 향해 허걱이며 한 뜸 한 뜸 발걸음을 옮기던 구불구불 골목 길 위에서 스스로 길을 물으며 이미 위로를 받고 희망을 보았는지도 모릅니다. 등대로 올라가는 마을의 논골담길 벽에서 만난 낙서 시구에 적혀있듯.

등대가,
어둠을 비추는 이유는
사랑을 잃고 길 위에서 서성이는
눈먼이들의
희망이기 때문 …

등대지구 골목길

골목길 벽화에 삶의 애환이 눅진 거립니다.

바닷가 어항 인근의 등대가 들어선 마을은 한결같이 산동네입니다. 등대가 자리 잡은 언덕 아래로 집들이 빼곡하게 자리 잡고 있습니다. 등대 자리에서 내려다보면 빨강, 파랑, 초록의 지붕이 서로 잇대어 있고, 미로 같은 마을 골목길이 맞댄 지붕 아래 무시로 들락날락댑니다. 낯선 이들은 길 위에서 길을 잃기에 십상입니다.

탁 트인 바다가 내려다보이는 언덕. 외국 같으면 호화저택이 들어설 입지입니다. 하지만 이곳은 가난한 사람들이 어쩔 수 없이 자리 잡은 곳입니다. 6·25 전쟁통에 고향을 떠나야 했던, 그리고 남북이 허리가 끊기면서 다시는 고향으로 돌아갈 수 없던 피난민들도 여기에 자리 잡았습니다. 이들은 대부분 바다에 연을 대고 생계를 이어왔습니다. 고기를 잡기 위해 험한 바다로 나가는 배에 몸은 싣는 선원이거나, 잡아온 고기를 날라주던 짐꾼이거나, 아니면 어항에서 허드렛일로 생계를 꾸려가는 사람들입니다. 이들이 하나둘 모여들어 언덕배기 틈새에 기

둥을 세우고 지붕을 얹어 제 식구 널 자리를 마련했습니다. 집 밖으로 담을 두르는 것은 그나마 형편이 나은 사람들이 누리는 호사였고, 대부분 집은 길을 토방삼아 방문을 냈습니다. 주문진 등대마을과 묵호 논골 담길 벽화마을, 통영 동피랑마을이 그렇습니다.

바우길 제13구간은 주문진 등대마을을 통과합니다. 이 구간을 걸으면서 여러 번 이 마을 골목길을 오르락 내리락했습니다. 등대마을과 등대만을 일부러 찾아오기도 했습니다. 이곳을 찾을 때마다, 한편으로는 위안이, 다른 한편으로는 안타까운 심정이 듭니다. 위안이 되는 점은 시 주도의 새뜰마을 사업으로 상하수도 설치 등 생활 기반시설이 구축되고 길이 정비되면서 기본적인 삶의 질이 나아졌다는 점 때문입니다. 방문객들은 옛 달동네의 모습이 사라진다고 아쉬워할지 모르지만, 이곳 주민에겐 일차적 삶의 문제입니다. 제게 정작 아쉬운 점은 옛 모습 자체의 변화가 아니라 정비사업으로 인한 옛 모습 및 삶과의 단절입니다. 즉, 과거 어려웠던 시절이 이야기로 승화되지 못하고 잊혀진다는 점입니다. 이 점은 묵호 등대마을인 논골담길 벽화마을과 다른 점입니다.

논골담길 벽화마을은 과거 삶의 모습과 애환이 환경변화 속에서 스토리와 그림이라는 매개를 통해 어떻게 현대적 의미로 승화될 수 있는지 잘 보여줍니다. 이 마을 역시 주문진 등대마을과 마찬가지로 바닷가 길에서부터 언덕 정점에 있는 등대까지 가파른 언덕에 들어선 판자촌으로서 집집이 미로와 같은 좁은 골목길로 연결되어있는 곳입니다. 모든 바닷가 등대마을의 운명이 그렇듯, 이곳도 어족자원이 고갈되면서 주민들이 하나둘씩 다른 생계를 찾아 떠났습니다. 마을은 썰렁해지고 쇠락의 길을 걷습니다. 동시에, 환경개선 사업으로 옛 모습이 정비되기도 했습니다. 이 와중에 정부지원으로 동해문화원이 주축이 되어 논골마을 어르신들을 찾아다니면서 채집한 삶의 이야기가 골목길과 담벼락에 벽화로 담기기 시작했습니다. 그림을 전공한 사람들이 그려놓은 밑그림에 동네 어르신들이 채색작업에 참여했다고 합니다. 관이나 외지인에 의해 자신들과는 상관없이 동네가 변모한 것이 아니라, 동네 주민들이 직접 참여하고 함께 만들어간 것입니다. 이 점은 대단히 중요합니다. 얼마 전 뉴스에 부산의 어느 잘 알려진 벽화마을에서 발생하고 있는 방문객-주민 간의, 주민 사이의 갈등이 보도되는 것을 접했습니다. 벽화마을로 알려지고 마을을 찾는 사람들이 많아지면서 특히 '무례한' 방문객들로 인해 주민들의 삶이 방해받고, 방문객들로 인한 수익도 장사하는 사람들에게만 돌아간다는 점 때문으로 전해집니다. 주민들의 자발적인 참여와 애착이 없는 마을 사업에 따른 당연한 결과로 보입니다.

논골담길은 이런 점에서 모범적인 사례로 보입니다. 많은 벽화마을의 벽화 내용이 현지 주민들의 과거 삶을 제대로 건사해내지 못하고 있지만, 논골담길의 벽화들은 바닷가 마을 주민들의 옛 삶의 모습을 사실적으로 담아내고 있습니다. 농사와는 전혀 무관한 언덕배기 마을에 붙여진 '논골'이라는 마을 이름은 처음에는 생소할 수밖에 없습니다. 배로 잡아 온 생선을 지게와 같은 들것을 이용해 등에 지고 가파른 언덕배기를 오르면서 흘러내린 물로 인해 길이 마치 논과 같이 질척해졌다는 데서 논골로 불리게 되었습니다. 이 동네 벽화에 장화 그림이 자주 등장하고 카페 장식에도 장화가 등장하는 것은 이와 같은 옛 삶을 담아내기 때문입니다. 담화에 개가 만 원짜리 지폐를 물고 있는 장면도

자주 보입니다. 옛날 어황이 좋을 때는 호주머니가 두둑해져 선술집에서 술값을 치르면서 바지 호주머니에서 만 원짜리가 땅에 떨어져도 관심을 두지 않았을 정도였다고 합니다. 땅에 떨어진 지폐를 동네 개들이 물고 다니는 일이 허다했을 정도로 좋은 시절도 있었다는 '아, 옛날이여' 회고입니다.

인간은 이야기꾼이자 이야기 듣기를 좋아합니다. 다른 종과 구별되는 인간종의 특징으로 '이야기하는 사람'이란 뜻의 호모 나렌스homo narrans로 규정하는 것을 봐도 그렇습니다. 인간이 새로운 사실을 효과적으로 배우고 기억하는 것도 이야기를 통해서입니다. 연구에 따르면, 정보만 제공되었을 경우 이를 제대로 소화하는 사람은 10%에 불과하지만, 이 정보를 이야기의 틀에 넣어 제공하면 70~90%의 사람들이 이해한다고 합니다. 기억도 마찬가지입니다. 정보 내용만 기억하는 것보다는 이 정보를 이야기의 틀 속에 넣어 전달하면 관심을 유발할 뿐만 아니라 기억도 오래 남습니다. 인간은 입력된 정보를 자신이 알고 있는 이야기로 변형하여 기억하기 때문입니다. 우리 뇌가 그렇게 작동한다고 합니다. 미국의 영문학자인 존 닐은 자신의 저서 『호모 나렌스』에서 이야기하는 것은 인간의 본능이고 이야기를 통해 인간은 사회를 이해한다는 점을 자세히 밝힙니다.

80년대 말, 90년대 초 미국 체류시절, 제 뇌리에 각인된 텔레비전 광고가 있었습니다. 인기프로그램의 경우 시작과 끝뿐만이 아니라 프로그램 중간에 짜증이 날 정도로 끼어드는 그 많은 광고 중에서 당시에 텔레비전 방송 내용보다도 제게 더 관심을 끌었고 지금도 생생하게 기억하는 광고는 네스카페 커피 광고였습니다. 이 광고는 한 이지적인 미혼남과 이웃에 사는 중년의 세련미 넘치는 영국 여성 간의 커피를 매개로 한 미니 멜로드라마 형식을 취했습니다. 이 영국 여성이 자신의 집에서 손님들과 모임을 갖던 중 커피가 떨어지자 커피를 빌리려고 남자의 집 문을 두드리는 것으로 스토리 전개가 시작된 이 광고에 끌렸던 것은 아직 미혼이었던 저의 남녀 로맨스에 대한 호기심과 등장하는 여성 모델의 매력도 원인이었겠지만, 이들의 관계가 어떻게 발전할까 하는 스토리 전개의 호기심이 크게 작용했기 때문입니다. 광고의 말미는 연속극처럼 둘 사이의 관계가 발전될 것 같은 미묘한 암시와 긴장감으로 끝나기 때문입니다. '다음은 어떻게 될까?' '이들이 대화를 나누는 관계에서 연인으로 발전할까?' 하는 궁금증을 당연히 갖게 됩니다. '다음 에피소드는 언제 나오지?' '왜 똑같은 에피소드만 몇 달째 반복하는 거야!' 공부가 벅찼던 시절이어서 커피로 잠을 반토막내야 했던 사정에서 그 많은 종류의 커피 중에서 네스카페를 즐겨 마셨던 것은 맛이 좋아서가 아니라 이 광고 때문이었던 것은 분명합니다. 사실, 이 광고는 45초짜리 분량의 총 12 에피소드를 10여 년에 걸쳐 방송했습니다. 참 오래도 우려먹었지요. 물론 제가 머물렀던 6년 동안에는 후반 에피소드는 아직 만들어지지 않았습니다만, 커피 광고에 스토리를 끌어들인 것은 당시 광고에서는 혁신적이었고 대단한 관심을 끌었습니다. 이 광고로 인해 네스카페 커피 판매가 50%가 늘었다는 사실만 보더라도 스토리의 힘은 참 큽니다.

광고 속 커피를 마시면서 광고에 등장하는 여인과 같은 매력적인 연인을 만날 기대를 키웠던 것은 아닌지 모르겠습니다. 이 대목에서 아내가 물으면 당연히 그런 소원이 이루어졌다고 대답합니다. 네스카페는 아니지만, 생두를 직접 볶고 아내를 위해 커피를 내리는 것이 제 몫인 것을 보면 빈말은 아닙니다. 바우길은 단순히 우리가 걷기 위해 낸 무심한 길이 아닙니다. 등대마을 골목길 만큼이나 구석구석에 이야기를 숨기고 있는 길입니다. 걸으면서 숨겨진 이야기를 발견하기도 하고 상상도 하면서 '나'의 이야기를 연결해 새로운 스토리를 만들어간다면 얼마나 좋을까요. 상상만 해도 즐거워집니다.

그러고 보니 SNS를 통해 자신의 이야기 만들어내기를 좋아하고 공유하는 요즈음 사람들은 한결같이 디지털 호모 나렌스들입니다.

도교산수와 허균·허난설헌 생가

벚꽃 가지가 수로에 몸을 비추면 난설헌의 난주가 일렁입니다.

바우길 구간 중 아마도 제가 자주 찾는 곳이 허균·허난설헌 생가 인근일 듯합니다. 생가와 기념공원, 기념관을 중심으로 낙락장송의 우아하고 고즈넉한 소나무 숲길, 숲길을 벗어나면 경포습지와 경포호로 이어집니다. 반대 방향으로는 비록 옛 모습을 잃고 먹거리 촌으로 변했지만, 옛 고을인 초당마을과 강문 바다가 있습니다. 강릉시민에겐 산책길로서, 외지에서 찾아온 사람에겐 강릉의 역사와 문화, 먹거리를 대표하는 장소입니다. 어느 장소가 특별한 의미가 있다는 것은 그 장소의 외형적인 특색과 더불어 장소와 연관된 인물 때문입니다. 이곳이 제게 특별하게 느껴지는 이유 역시 한 사람의 삶과 내적 번민과 아픔이 새겨져 있기 때문입니다. 난설헌입니다.

난설헌이 초당마을에서 태어나 스물일곱해란 짧은 생을 살다 생을 마친지도 400년 하고도 50여 년이 지났습니다만, 그녀의 못다핀 열정은 안타까움으로 우리들 마음에 지정입니다. 박태순에 따르면, 한문

문학에 자질이 뛰어난 여인을 '蘭惠'라는 향초에 비견하던 관행이 있었고, 난설헌의 '헌'은 처마, 추녀, 누마루로서 난설헌은 난초의 하얀 꽃망울이 '설(눈)'처럼 난만하게 피어있는 꽃밭의 누마루 여인이 됩니다. 난설헌의 시보다도 더 시적인 풀이입니다. 실제로 허균·허난설헌 생가 누마루에 앉으면 담 아래로 난초를 비롯하여 많은 꽃이 한눈에 들어옵니다. 뒤뜰에도 난초가 곳곳에 심어 있습니다. 봄에 이곳을 찾으면 따뜻한 햇볕이 드는 누마루에 앉아 꽃을 보면서 몽상에 잠길 때가 많습니다. 특히 한가로운 뒤뜰이 제격입니다. 뒤뜰 마루에 앉아 화단을 바라보면서 난설헌의 모습을 겹쳐봅니다. 마루로 비쳐드는 따뜻한 햇볕 아래 생각의 아지랑이가 공중으로 아물아물 피어오릅니다.

난설헌에게 '난'은 단지 실재의 '난초'만을 의미했던 것은 아닙니다. 현실을 벗어나 상상의 세계로 나가는 메타포로서의 蘭舟(난주)이기도 합니다. 난설헌의 시에도 난주가 자주 등장합니다. 난주는 목련으로 만든 한 사람이 탈 수 있는 작은 배로 도교 신선경의 이상향을 향하여 노를 저어가는 상징성을 지닙니다.

<blockquote>
나의 집은 강릉 땅 돌 쌓인 갯가

문 앞 강물에 비단 옷을 빨았지요

아침이면 한가롭게 목란배 (란주) 매어 놓고

짝지어 날아다니는 원앙새만 부럽게 바라본다오

–「죽지사 3」
</blockquote>

<blockquote>
가을 호수 맑고 푸른 물 구슬같아

연꽃 핀 깊은 곳에 목란 배 매었지
</blockquote>

임을 만나 물 건너 연밥 다 던지고는
행여 누가 보았을까 한나절 부끄러워
-「채련곡」

　현재 전해져 오는 난설헌의 시 213편 중 상당수가 소위 신선시로 도가사상을 담고 있습니다. 난설헌의 시문이 당시 조선보다 중국에서 더 유명했던 이유이기도 합니다. 신선시를 많이 남겼다는 사실만으로 난설헌을 허황한 꿈만 꾸던 액자 속 여성 문인으로서만 이해될 수는 없습니다. 오히려 시의 행간에 감춰져 있듯, 재능 있고 자기 생각이 뚜렷했던 현실 속 여성으로서 난설헌의 시에서는 조선시대 여성들이 처했던 봉건적 구속과 시대적 고통이 아프게 읽힙니다. 난설헌이 서분서분했던 여성이 아닌 깐깐한 성정을 지녔던 여성이었기 때문입니다. 난설

헌의 「채련곡」은 '방탕한' 내용을 담고 있다 하여 당시 그의 시집에 실리지도 못했다고 하니 짐작하고도 남습니다.

    올봄, 경포 주변에 벚꽃이 흐드러지게 피었습니다. 경포 입구부터 차와 사람들로 북새통입니다. 허균·허난설헌 생가터 앞 수로를 따라 아담한 벚나무들이 한껏 꽃을 매달고 소나무 틈에 살포시 몸을 드러낸 채 물에 자신의 모습을 비춰 보입니다. 옆 수로에도 벚나무들이 꽃을 매단 줄기를 수줍게 물가로 내려뜨리고 있습니다. 벚꽃 가지 아래 벚꽃 물길 위 난주에 몸을 맡기고 저 멀리 안개 내려앉은 대관령의 풍광 속에서 광상산의 선경을 상상하는 난설헌의 모습이 보입니다.

난설헌과 연꽃

'연꽃 만나고 가는 바람같이' 난설헌은 떠났습니다.

여름철 바우길을 걷다 보면 크고 작은 연꽃단지를 만나게 됩니다. '풍호연가길'에서 만나는 풍호마을 연꽃단지와 경포호숫가 연꽃단지가 대표적입니다. 7월 말에서 8월 초에는 풍호마을에서는 연꽃 축제도 열립니다. 사람들은 연꽃의 색상과 곱고 수려한 자태, 고상한 기품에서 특별한 감정을 느끼는 듯합니다. '청결, 신성, 아름다움'이란 연꽃의 꽃말처럼 연꽃은 불교의 상징적인 꽃입니다. 석가모니와 연관된 설화에도 연꽃이 등장하며, 연꽃의 생태적 특성에 佛性(불성)이 투영되기도 합니다. 탁한 진흙 속에 뿌리를 두면서도 꽃은 청정함을 유지하는 연꽃에서 속세의 사람들이 가져야 할 태도와 품성에 대한 불교의 기본 교리가 담겨있습니다. 유교에서도 군자가 지녀야 할 태도와 마음가짐을 이와 같은 연꽃의 생태학적 특징에 투영합니다.

여름 저녁이면 산책 겸해서 종종 경포의 연꽃단지를 찾습니다. 연꽃을 보고 있자면 제겐 종교적 심성보다는 '이별'이라는 단어가 먼저

마음으로 들어옵니다. 허난설헌과 서정주 때문입니다. 난설헌은 연꽃을 자신의 시에 심심치 않게 담아냈습니다. 지금의 연꽃단지가 조성된 곳인지 알 수는 없지만 약 450년 전에도 경포에 연꽃이 있었다는 점을 말해 줍니다. "가을 호수 맑고 푸른 물 구슬 같아/연꽃 핀 깊은 곳에 목란 배 매었지."「채련곡」이란 시의 일부 구절입니다.

난설헌이 연꽃에 자신의 삶을 투영하는 시에서는 비장미를 느낍니다. 읽는 마음도 하얘집니다.

> 푸른 바닷물이 구슬 바다에 스며들고
> 푸른 난새는 광채 나는 난새에게 기대었구나
> 스물일곱 송이의 아름다운 연꽃
> 달밤의 찬 서리에 붉게 떨어지네
> −「꿈 속에 광상산에서 노닐다」 전문

난설헌이 스물 두살 되던 해, 꿈속에서 만난 선녀에게 지어준 시의 내용을 잠에서 깨어난 뒤 기억을 되살려 적어 놓은 시입니다. 꿈속에서 거닐던 선계의 연못에는 서리를 맞아 반쯤 시든 연꽃이 있었습니다. 그 연꽃에서 난설헌은 자신의 운명을 읽었던 것은 아닐까요. 자신을 옭아매고 꿈을 펼칠 수 없었던 한 많은 현세를 훌훌 털고, 스물 일곱 송이의 연꽃이 찬 서리에 붉게 떨어지듯, 난설헌은 스물 일곱살 되던 해에 홀연히 이 세상을 하직합니다. 연꽃은 시들어도 꽃잎은 여전히 처연한 붉은 색상을 간직하고 있습니다. 뜻을 온전히 이루지는 못했지만 행동지식인으로, 정치인으로 개혁의 호연지기를 성질껏 펼칠 기회를 가졌던 오빠 허균과는 달리, 난설헌은 큰 꿈과 재능, 열정을 여성이라는 이유로 당시의 사회적 상황과 조건에서 밖으로 펼치지 못하고 마음속에서 태워야만 했습니다. 난설헌의 모습이 붉은 시든 꽃잎에 겹쳐 보이는 이유입니다.

이 세상을 하직하던 난설헌의 마음은 어떤 것이었을까요? 미당 서정주의 「연꽃 만나고 가는 바람같이」란 시를 천~천~히, 아주 천~~천~~히 마음으로 읽어 봅니다.

섭섭하게,
그러나
아조 섭섭치는 말고
좀 섭섭한 듯만 하게,

이별이게,
그러나
아주 영 이별은 말고
어디 내생에서라도
다시 만나기로 하는 이별이게,

연꽃
만나러 가는
바람 아니라
만나고 가는 바람같이 ……

엊그제

만나고 가는 바람 아니라
한두 철 전
만나고 가는 바람같이 ……

미당만이 아니었습니다. 독일 시인 하이네도 여인의 은밀한 눈물과 슬픔을 연꽃에 투영합니다. 하이네 시에 투영된 이별의 감정은 아주 곡진합니다.

연꽃은 찬란한/해님이 두려워/머리 숙이고 꿈꾸며/밤이 오기를 기다린다

달님은 그녀의 연인/달빛이 비춰 그녀를 깨우면/연꽃은 수줍게 얼굴을 들고/상냥하게 님을 위해 베일을 벗는다

연꽃은 피어 작열하듯 빛나며/말없이 높은 하늘을 바라보고/향내음 풍기며 사랑의 눈물 흘리고/사랑의 슬픔 때문에 하르르 떤다
 - 하이네, 「연꽃」 전문

찾아보니, 청련, 황련, 백련 등 연꽃의 다양한 색깔만큼이나 다양한 꽃말이 존재하며, 꽃말 중에는 '떠나는 사랑'도 있습니다. 피어있는 시기가 그리 길지 않고 꽃잎도 한꺼번에 지는 것이 아니라 한 장씩 떨어진다 해서 이 꽃말이 유래했다 합니다.

그런데 …
왜, 로베르트 슈만은 그렇게 원하던 클라라와의 결혼식 전날 신부에게 헌정한 『미르테의 꽃』 연가곡집에 하이네의 이 시를 포함했을

까요? 클라라Clara라는 이름이 맑고 깨끗한 여인이란 말뜻을 가졌으니 연꽃이 스무 살을 갓 넘긴 티 없이 맑고 아름다운 클라라를 상징하기엔 슈만에겐 더 없이 좋은 상징이었겠습니다. 멜로디도 참 단정하고 잔잔합니다. 그런데 정작 시의 내용은 연인을 향한 사랑에 목메어 꽃향기 지피며 몸까지 떨고 있지만, 달님 바라보듯 연인을 멀리서 바라볼 수밖에 없음에 슬픔을 애써 견뎌내야 하는데 … '가곡의 여왕'이라는 바바라 보니의 청아한 목소리에도 애잔함과 아련함만 전해지는데 …

'어머니 길'과 선구적 예술가, 신사임당

사임당을 이제는 그만 어머니 자리에서 놓아드리는 것은 어떨까요

'내가 중학교 다닐 때 이 대문으로는 남자들 밖에 못 드나들었어. 여자들은 저 모퉁이로 난 쪽문으로만 다녔고.' 신사임당을 기리기 위해 새로 조성된 사모정 공원이 들어선 핸다리 마을의 고택 후손이 들려준 이야기입니다. 신사임당을 생각하면 세월의 어긋난 아이러니가 아닐 수 없습니다.

'바야흐로 사임당의 시대다.' 누군가의 말처럼, 사임당이 주인공인 연속극이 인기리에 방영된적이 있었고, 사임당을 다룬 책이 2016년 이후 많이 나오고 있습니다. 강릉에서는 사임당을 기리는 사모정 공원이 조성되고, 오죽헌에서 사모정 공원에 이르는 길을 '어머니 길'이라 명명하여 사모정 공원에서 '어머니 길'을 알리는 표지석 제막 행사도 열렸습니다. 이 길은 사임당이 어린 율곡의 손을 잡고 오죽헌을 나서 한양으로 가던 길로 알려져 있습니다. 1.5km에 불과한 '어머니 길'은 바우길 제11구간 '신사임당 길'의 일부 구간과 겹칩니다. 오죽헌이

율곡을 주인공으로, 사임당은 아들을 위대하게 키운 현모로서의 보조적 역할을 강조했다면, '어머니 길'과 사모정 공원의 주인공은 사임당입니다. 하지만 사임당을 기리는 주된 방점은 기존의 틀을 그대로 답습하고 있습니다. 사임당은 여전히 율곡의 현모로서 그리고 어머니에 대한 효심 가득한 여성으로 강조되고 있습니다. 당시의 가부장적 사회의 여성에 대한 온갖 제약에서도 발휘했던 사임당의 예술적 재능은 다행히도 과거에 비해 중요하게 재조명되고 있지만 오늘에도 유교적 미덕이란 그늘 아래 여전히 가려 있는 것이 현실입니다.

송시열이 고민을 많이 했던 듯합니다. 중국에서조차 인정받던 사임당의 예술성을 앞에 두고서요. 조선에서만 그토록 끈질기게 생명을 유지했던 유교적 전통에서는 당시 여성이 남성의 '전유물'이었던 산수화에 능력을 발휘하면 '안되던' 시절이었습니다. 여성은 남성들이 거들

떠보지도 않던 초충도 같은 그림에만 관심을 두어야 했습니다. 송시열은 사임당을 남성 화가들과 당당히 어깨를 견주던 예술가가 아닌 자신의 대스승인 율곡선생을 잘 키워낸 훌륭한 어머니로서 자리매김합니다. 현모(양처)는 조선시대 유교 전통에도 딱 맞아 떨어지기 때문입니다. 사모정 공원과 오늘의 행사도 주인공으로서의 사임당에 대한 조선시대의 프레임에서 한 발자국도 못 나간 느낌입니다.

'어머니 길.' 이 명칭 역시도 아쉽습니다. 이미 신사임당길이 바우길의 한 구간으로 지정되어 있고, '어머니 길'은 세계 최초라니 그렇게 작명한 듯합니다. '어머니 길'에는 사임당은 여전히 율곡의 어머니로서의 정체성이 답보되고 있습니다. 아버지 신명화의 특별한 애정과 남녀유별을 초월한 배려로 사임당은 예술가 겸 교양인으로 성장할 수 있었습니다. 결혼 후에도 어머니로서만이 아니라 당시 여성으로서는 드물게 예술가로서 인정받았던 신여성이기도 합니다. 벌써 500여 년 전 일입니다.

시대적 관심의 변화에 따라 예술가에 대한 평가도 달라집니다. 아니, 달라져야만 합니다. 신사임당도 예외가 아닙니다. 여성의 지위와 권리에 관한 관심과 더불어 사임당은 페미니즘적 시각에서 조명되기도 했습니다. 얼마 전 방영되었던 '신사임당'이라는 연속극에서도 사임당을 대학자인 율곡을 키워낸 현모로서 보다는 가부장적 사회문화와 정치 상황 속에 놓인 한 '여인'의 고난과 도전, 이를 헤쳐 나가는 불굴의 의지와 성숙한 지혜에 초점을 맞췄던 것도 그 좋은 예입니다. 물론 극 중 '사임당'은 실재 사임당과는 같을 수는 없겠지만요.

제가 정작 관심 갖는 것은 다른 곳에 있습니다. 사임당이야말로 현대에 와서 관심을 끌기 시작한 자연계의 생태학적 관계성을 선구적으로 그림에 구현시킨 예술가라는 점입니다. 신사임당 그림 하면 우리는 자연스럽게 〈초충도〉를 떠올리고 앞서 말한 것처럼 '위대한' 남성 화가들의 산수화나 인물화와 비교하여 격이 낮은 그림으로 치부합니다. 풀, 벌레, 곤충은 옛날에는 '품격 있는' 그림의 소재가 될 수 없었기때문이기도 합니다. 〈초충도〉는 대부분 신사임당의 것으로 전칭될 만큼 독보적인 분야로 수박이나 가지, 메뚜기, 쥐와 같은 대상을 소재로 삼은 수묵화는 신사임당 이전에는 없었다고 합니다. 화조도도 조선중기 문인화가들이 즐겨 그렸을 뿐 신사임당 이전에는 그 예를 찾아볼 수 없었다고 합니다. 사임당은 어려서부터 아버지와 함께 밖으로 나가 자주 자연을 관찰하고 감상했습니다. 사임당 그림을 자세히 들여다보면, 자연의 동식물 곤충들이 사실적으로 그려져 있을 뿐만 아니라 자연의 상호관계성이라는 생태학적 원리를 담아내고 있습니다. 자연에 관한 애정어린 관심과 세심한 관찰, 예리한 통찰 없이는 표현될 수 없는 것입니다. 현대의 생태학적 관점에서 보아도 놀라운 관찰입니다. 우리가 겪고 있는 작금의 환경문제나 생태학적 교란의 본질적 원인은 인간의 자연에 관한 관심과 인식, 존중의 결여에 있습니다. 이 시대에 신사임당의 초충도를 다시 보아야 할 이유입니다.

신사임당의 〈초충도〉는 신사임당과 거의 동시대에 살았던 독일 르네상스의 대표 화가 알브레이드 뒤러의 식물 스케치를 떠올립니다. "예술이란 자연을 바탕으로 존재하며, 따라서 자연을 찾아다니는 자만이 진정한 예술가이다"라고 그는 선언합니다. 뒤러는 풀과 곤충과 같은 '하찮은' 대상을 대단히 사실적으로 세밀하게 그려냈습니다. 그림은 정

확한 관찰을 바탕으로 그려져야 한다는 신념을 갖고 있던 뒤러의 태도와 예술은 그를 당시 독일의 대표적인 화가로 올려놓게 됩니다. 자연관찰과 이를 바탕으로 그림으로 그려낸 신사임당의 능력은 결코 뒤러에게 뒤지지 않지만, 독일과 조선이라는 당시의 사회와 문화의 차이가 두 예술가의 '초충도'에 대한 평가가 극명하게 다르게 나오는 이유입니다.

　　신사임당을 우리의 전통적인 가치관에서 롤모델로 받드는 것은 여전히 귀중한 유산이자 지속되어야 할 가치입니다. 다만, 언제까지 그 틀 속에만 가둬둘 수는 없습니다. 예술가로서의 사임당과 생태학적 관점에서 신사임당의 〈초충도〉에 대한 인식이 재고되었으면 하는 바람입니다. 경험으로 확인했습니다. 안식년을 보낸 미국대학에서 대학원생과 교수들을 대상으로한 콜로키엄 시리즈에서 '오래된 미래 – 신사임당의 〈초충도〉'란 제목으로 강연을 했습니다. 500여 년전 조선의 한 여인에 의해 현대 생태학 개념과 철학이 그림으로 담긴 점에 참석자들은 한결같이 놀라움과 큰 관심을 보였습니다.

도덕과 윤리는 정신의 나약함이라는 랭보의 주장을 그대로 받아들이고 싶은 마음은 없습니다. 다만, 문화역사의 품격에 시대의 변화 역시 담아내 재해석함으로써 과거 한 때 존재했던 역사가 아닌 현시대를 조망해주고 품격을 더해주는 살아있는 역사로 되살릴 필요가 있습니다. 오죽헌 경내에 있는 '초충도 정원'부터 '꽃밭'이 아닌 현대의 생태학적 개념을 반영한 진정한 의미의 '〈초충도〉 정원'으로 거듭나기를 기대해봅니다.

사랑마당과 비움의 여유

허허한 흙 마당만큼 충만한 곳이 있을까요?

강릉을 방문한 사람들이 가장 많이 방문하는 곳으로 선교장을 빼놓을 수 없습니다. 바우길 11구간도 선교장을 지납니다. 선교장을 찾는 이유야 각자 따로 있겠지만, 흔히 '한양 대궐 밖 가장 큰 집'으로 알려졌던 것처럼, 대개는 고택으로서의 우리나라 전통 한옥의 규모와 아름다움, 역사공간으로서의 옛사람들의 문화를 보기 위해 찾아옵니다. 『선교장』이라는 책에서 차장섭교수가 글과 사진으로 잘 정리해서 친절하게 설명해주듯, '조선 최고의 명당자리'에 자리 잡은 선교장 건축물의 정교한 배치와 아름다운 모습, 기능, 그리고 정원은 하나하나가 매력적이며 시선을 붙잡아 두기에 충분합니다. 건물을 뒤에서 그윽하게 보듬어 안은 수백여 그루의 아름드리 금강송 숲은 바라보는 것만으로도 겸허하게 만듭니다.

선교장을 찾으면 제가 가장 오래 머무는 곳은 다름 아닌 사랑마당입니다. 열화당, 중사랑, 아랫사랑으로 둘러싸인 선교장의 사랑마당은

한국의 사랑마당 가운데서 가장 넓은 것으로 알려졌지만, 마당 가운데 아주 오랜 능소화나무를 제외하면 별다른 장식 없이 텅 비어있는 공간입니다. 지금이야 가로수에 기생하며 피우는 식상한 꽃이 되었지만, 능소화는 애초에는 구중궁궐화라는 별칭대로 궁궐이나 양반집에만 심던 '귀한' 꽃이었다고 합니다. 자연물에 스토리가 없히면 달리 보이듯, 선교장 능소화에도 스토리가 있습니다. 금강산 유람을 떠났던 선비가 병을 얻어 선교장에서 요양 뒤 온전한 몸으로 귀가할 수 있었습니다. 그 선비는 은혜에 대한 보답으로 하인을 시켜 능소화를 보냅니다. 하인은 주인의 지시대로 낮에는 나무를 그늘에 심어두고 보관했다가 더위가 가신 밤에만 옮깁니다. 이 귀한 나무가 먼 길을 이동하다 햇볕에 말라 죽을 수도 있기 때문이었습니다. 이러한 정성으로 능소화는 무사히 선교장에 옮겨지고 현재의 자리에 심겼습니다.

6월에서 8월 사이 만개하는 이 능소화를 보면 옛사람들의 훈훈한 정이 전해집니다만, 제가 사랑마당에 더욱 마음이 가는 이유는 비어있다는 점 때문입니다. 선교장만이 아니라 대부분의 한국전통 가옥의 비워둔 마당이 한국인의 정서에 특별한 의미를 켜켜이 얹어왔기 때문이라 봅니다. 비어있음으로써 우리의 마당은 많은 기능을 해왔으니까요. 어려서 할머니 등에 업혀 쏟아져 내리는 별을 보면서 할머니의 이야기를 듣다 잠든 곳이 마당이요, 어머니가 손수 반죽한 밀가루로 칼국수를 끓여 온 가족이 함께 평상에 둘러앉아 나눠 먹던 곳도 마당이요, 동네 아이들과 자치기 놀이, 숨바꼭질하며 놀던 곳도 마당이요, 아버지한테 혼나고 나서 훌쩍훌쩍 눈물을 훔치던 곳도 마당 구석입니다. 무더운 여름날 저녁이면 평상에 누워 책을 읽다 밤하늘별을 바라보며 공상하던 곳도 마당입니다. 서정주 시인이 마당을 '마당방'이라고 이름 붙인 것은 그래서 하나도 어색하지 않습니다.

　요즘같이 전통가옥이 흔하지 않은 경우, '텅 빈' 마당의 진수는 사찰마당에서도 경험할 수 있습니다. 일부 도심에 있는 사찰을 제외하면, 대부분 사찰에는 장방형의 널따란 마당이 있습니다. 탑이나 괘불대 같은 석조구조물 외에도 한국의 사찰마당은 텅 빈 공간으로 남겨있습니다. 특히 선종이 주로 자리 잡은 영동지방의 사찰마당은 스스로 꾸미지 않고 대신 외부의 자연을 경내로 끌어들여 자신의 풍경을 다양하게 만들어 내는 차경의 마술사입니다. 이 '텅 빈' 공간은 한낮의 쨍한 햇볕과 한밤의 별무리, 한겨울의 삭풍과 폭설, 여름의 천둥번개와 장대비를 온전히 받아들입니다. 여기에는 백팔번뇌도 너그럽게 내려놓을 수 있습니다. 그러니 이곳에 서면 텅 빈 공간의 일부가 되어 심신의 아늑함과 안온함을 누릴 수 있습니다. 바우길에 나서면 바우길 인근의 보현사나 대성사 사찰마당에 들러 허허한 마당에 자신을 맡겨볼 일입니다.

　요즈음같이 아파트 생활에 익숙한 현대인들은 '마당방'의 정서를 느낄 수가 없습니다. 마당다운 마당을 볼 기회도 적을뿐더러, 마당에 들어설 기회가 있더라도 조급해진 마음은 텅 비어있으면서도 충만한 마당을 담아낼 여유가 없어졌습니다. 한때, 우리나라에서만이 아니라 서양에서도 스트레스를 풀고 정신건강을 증진하는 방법으로 '멍때리기'가 화두가 되었던 적이 있습니다. 마당만큼 멍때리기로 좋은 장소가 있을까요. 선교장 사랑마당이든 절 앞마당이든 고택 마당이든 기회 닿는 대로, 한구석에 철퍼덕 주저앉아 무념의 시간을 즐겨볼 일입니다.

　선교장이나 절마당처럼 주변이 숲으로 둘러싸인 흙 사랑마당에

서 여름철 한낮의 더위가 가시는 저녁 시간에 마당에 들어서면 그늘보다도 더 시원한 바람을 '매직'처럼 경험했던 적이 있을 겁니다. 처음에는 이 바람의 정체를 알 수 없어 어리둥절할 것입니다. 어느 곳에서도 없던 시원한 바람이 유독 마당에서 맞을 수 있으니까요. 약간의 과학적 용어를 동원하자면 복사열과 대류 현상 때문입니다. 낮에 햇볕에 그대로 노출된 흙마당은 데워지고 가벼워진 공기가 상승하게 됩니다. 이때 비교적 시원한 공기를 유지하던 인근 숲에서 공기가 마당의 비어있는 공간으로 흘러들면서 시원한 바람이 만들어지게 되는 이치입니다. 알고 보면 '신비한' 일도 아닙니다.

> 허를 넘칠 듯이 지닌 마당은 문명이지만 자연 같고, 소유된 것 같으나 주인 없이 열려있고, 단단하기는 하나 딱딱하진 않은 자연적, 생명적 존재이다.
> - 『마당 이야기』, 정효구

이 글귀를 바우길을 걷다가 만나는 전통가옥의 사랑마당이나 사찰의 선공간인 마당에서 체험해 볼 일입니다.

영동의 불교산수

'산은 저 혼자서 명산일 수 없다.'

우리나라의 자연에 대한 어느 문학가의 통찰입니다. 박태순은 자연지리로서의 산이 인문지리로서의 명산이 되는 것은 사찰이 산수경관을 새롭게 해주기 때문이라고 합니다. 명산을 통해서 대찰을 이해하고 역으로 대찰을 통해서 명산이 왜 명산인지 일깨워볼 일이라고 합니다. 쉽게 말해 '산은 산이요, 절은 절이다' 식의 명제는 아니라는 거지요.

우리나라의 오래된 사찰의 공통점은 사찰이 자리를 참 잘 잡았다는 점입니다. 사찰을 찾아 주변을 둘러보면 바로 수긍이 갑니다. 밖에서 절을 바라보든, 절에서 밖을 내다보든 사찰이 주변 산세와 잘 조화를 이루고 있다는 느낌이 듭니다. 사찰이 주변 산세와 모나거나 튀지 않으니 사찰의 경관은 당돌한 구석이 없습니다. 주변 풍광도, 사찰 자체도 엄정하지 않습니다. 사찰에서 편안함과 푸근함을 느끼는 이유입니다.

주변 자연경관과 어울림의 관점에서 제게 인상 깊은 사찰은 보현사와 신복사지입니다. 둘 다 바우길이 지나는 경로에 있으며, 이름이 말해주듯 보현사는 현존 사찰이며 신복사지는 터만 남아 있는 곳입니다. 보현사는 신라시대 자장율사에 의해 창건되었다고 전해지고 있으며, 강릉의 진산인 대관령 자락에 자리를 잡고 있습니다. 처음 이곳을 찾았을 때 가장 인상 깊었던 점은 자리 잡은 위치였습니다. 바우길이 지나는 대굴령 마을에서 대관령 자락 굽이굽이 계곡을 따라 깊이 들어갑니다. 참 산속 깊이도 자리 잡았다는 생각이 들 무렵 사찰이 나타납니다. 주차장에서 내려 사찰로 올라가면서 오른쪽으로는 아름드리 소나무가, 왼쪽으로는 계곡 너머 참나무와 소나무가 들어선 가파른 봉우리가 하늘 높이 솟아 있습니다. 사찰을 중심으로 산이 병풍처럼 둘러쳐 감싸 안고 있습니다. 대웅전 앞마당에 서자 놀라운 광경이 시야에 펼쳐집니다. 이 심산궁곡에서 동해바다 쪽으로 시야가 탁 트여 바다가 시야에 들어오는 광경입니다.

　보현사 창건과 관련된 재미있는 설화가 전해집니다. 신라의 두 보살이 배를 타고 남항진 해안에 당도하여 절을 세웠습니다. 한 절에 두 보살이 있을 이유가 없다면서 활을 쏘아 화살이 떨어진 곳에 또 다른 절을 세우기로 합니다. 화살이 떨어진 곳이 지금의 보현사요, 남항진에 먼저 세운 절이 지금은 터만 남아 있는 한송사라고 전해집니다. 사실논증을 들이댄 이야기는 설화로 존재할 수 없지만, 보현사 앞마당에서 내려다보이는 바닷가가 실제로 한송사지터가 있던 곳으로 알려져 있습니다. 보현사에서 편안함을 느끼는 것은 사찰이 자리 잡은 위치 때문만은 아닙니다. 영동지방의 대표적인 오래된 선종사찰인 만큼 거대한 규모나 화려한 장식보다는 주변 산세와의 어울림과 유적의 소박함 때문입

니다. 대웅전 앞마당에는 흔히 목격되는 우뚝 솟은 탑 대신 아담한 이층석탑과 돌 사자상이 자리 잡고 있습니다. 둘 다 마모가 심하고 이끼 낀 세월의 흔적이 고스란히 내려앉은 정감 있는 모습입니다. 자연석에 가까운 돌기단 위에 올라앉은 대충 손질한 것 같은 4각형의 몸돌과 몸돌 위의 마모된 두 개의 지붕돌, 지붕돌 위에 얹힌 작은 돌 두 개, 이 소박하고 투박한 모습에서 일반 중생들은 부처 역시도 자신과 닮은 친근한 존재로 생각하지 않았을까 합니다.

이 탑 못지않게 소박하고 투박한 돌 사자상은 우스꽝스럽기까지 합니다. 말이 사자상이지 아기공룡 둘리처럼 귀여운 모습입니다. 힘과 위엄, 용맹을 상징하는 사자의 이미지와는 완전히 달라서 불교에서 사자상에게 부여된 잡귀를 막아주는 수호동물과는 거리가 멀어도 한참 멉니다. 그런데 이 사자상에 또 다른 독특한 점이 있습니다. 몸체 위에 놓인 두상이 뒤로 돌려져 있는 모습입니다. 보현사를 찾을 때마다 이 모습을 보고 늘 궁금증만 갖고 있었는데, 한번은 마침 스님께서 근처 마당에서 작업하고 계셔서 다가가서 물었습니다. 그 질문 받을 줄 알았다는 듯, 사자상 석등을 가리킵니다. 선종사찰인만큼 이 스님이 선문답 하시는 것이 아닌가 하는 심정으로 석등을 살펴보았습니다. 선문답은 아니었습니다. 제가 스스로 깨달을 만한 그릇이 못 되었기 때문이겠지요. 석등 중간 부분에 사자 세 마리가 곤두서서 앞발로 상단을 바치고 있는 모습이 보였습니다. 자세히 보니 머리는 뒤로 바싹 젖혀진 상태였습니다. 내 표정을 살피는 스님께서는 이해했다는 듯 목례를 전했지만, 마음으로는 여전히 수긍되지 않는 점이 있었습니다. 고개가 완전히 돌아앉은 것과 젖혀진 것은 같을 수 없기 때문입니다. 몸과 손은 공손히 탑을 향해 부처님께 공손한 자세를 취하면서도 돌사자의 머리는 180도

뒤로 돌려 세상을 향하고 있는 모습이 언뜻 장난기 많은 어린아이가 수업시간에 머리를 돌려 뒷줄 아이와 장난치는 모습을 연상시킵니다. 이 사자상 자체가 선문답이 아닐까요? 부처님의 마음을 불상이나 탑과 같은 것에서 찾지 말고 속세에서 찾으라는 일갈? 이 미망한 마음은 절을 에워싼 안개만큼이나 오리무중입니다. 그러면 어떻습니까. 때론 '내 마음대로' 바라보기도 필요한 것이지요.

보현사 사찰에서 주변 자연경관을 조망하면서, 사찰 내에 있는 돌탑과 사자상에서 느끼는 편안함과 소박함을 신복사지에서도 경험합니다. 바우길 15구간 '강릉수목원 가는 길'의 끝자락인 내곡동 남대천 인근 산자락에 있는 신복사지는 절터만 남아 있습니다. 신라 말기에 범일국사가 창건한 것으로 알려진 신복사는 절터로 추정컨대 아담했을 것으로 보입니다. 나지막한 산으로 둘러싸인 이곳에 있으면 안식처와 같은 포근함이 느껴집니다. 건물이 없어도 마치 사찰의 품 안에 들어선 느낌이 드는 것은 특별한 경험입니다. 절터만이 아닙니다. 아담한 탑 앞에 무릎을 꿇고 공손히 공양을 올리는 보살상의 모습과 인상 역시 여간 소박하고 친근한 것이 아닙니다. 부드럽고 후덕한 얼굴을 찬찬히 보고 있자면 보는 이의 마음도 훈훈해집니다.

이집트나 중동의 건조 사막지형에서 발견되는 피라미드나 궁전 같은 인공물이 거대하고 화려, 웅장한 이유는 당시 통치자의 권위를 드러내기 위한 것이지만, 동시에 단조로운 자연환경을 인공물로 보완하려는 의도도 깃들어 있습니다. 아랍 회화에서 원색의 화려한 색채를 사용했던 이유와 같은 차원에서요. 우리나라같이 계절에 따른 변화가 있고 수려한 산수에서는 그럴 이유가 없었겠지요. 주변 자연환경과 조화

롭지 않은 지나치게 크거나 화려한 사찰건물이나 탑, 부처상에서 이질감을 느끼는 것은 이러한 이유 때문은 아닐까요.

바우길을 걷다 보현사나 신복사지에 들러 소박하고 훈훈한 마음의 평온을 즐겨볼 일입니다.

홍장고사의 21세기 어법

탐미공간의 21세기 어법은 무엇일까요?

바우길 5번 '바다호숫길'은 가볍게 걷고 싶을 때 자주 찾는 구간입니다. 안목솔바람다리에서 출발하여 카페거리를 거쳐 바닷가 솔밭 길로 경포까지 와서는 경포호수를 한 바퀴 돌아 다시 바닷가 솔밭 길로 사천해변공원까지 가는 평탄한 길입니다. 전 구간 길이가 16km에 달하다 보니 가볍게 걸을 때는 끊어서 걸어도 좋습니다. 이 구간에서 가장 자주 걷는 곳은 경포호 둘레길입니다. 경포호수 둘레를 따라 인도와 자전거 길을 구분해 놓은 약 4.3km의 2차선 산책길로 가볍게 산책하기에 적당합니다.

'바다호숫길.' 구간 이름만큼이나 바우길 중 가장 낭만적인 길에 속합니다. 하지만 '낭만적'이라 해서 모두 좋은 것만은 아닙니다. 이 구간의 경포호수 둘레길을 걷다 보면 옛 '낭만' 설화를 만나게 됩니다. 경포대와 경포대 바닷가 입구 사이에 있는 홍장고사 바위와 그 조형물입니다.

고려 말 강원도 관찰사 박신은 강릉지역을 순찰하던 중 강릉기생 홍장을 만나 서로 사랑하여 정이 깊게 되었다. 박신이 다른 지역으로 순찰하고 돌아와 홍장을 찾았으나, 강릉부사 조은훌이 놀려줄 생각으로 '홍장이 밤낮 그대를 생각하다 죽었다'고 말하자 애절함에 며칠을 몸겨눕게 되었다. 조부사가 측은한 생각에 '경포대 달이 뜨면 선녀들이 내려오니 홍장도 내려올지 모른다'하며 데리고 가 호수의 신비스런 운무 속에서 홍장이 배를 타고 선녀처럼 나타나게 하여 극적인 재회를 하였다는 전설을 간직한 곳으로 박신과 홍장의 애틋한 사랑이 전해오는 곳이다.

홍장암 앞 기념비 돌판에 새겨진 고사 내용입니다.

이 기념비에 그치지 않습니다. 기념비 옆으로 홍장고사 스토리 조형물이 이어집니다. 홍장고사를 요약하고 민화 그림으로 표현해 놓은 큼직한 모자이크 돌 판과 더불어, 이들의 로맨스 내용을 11개의 조형물 시리즈로 만든 조형전시물이 있습니다. '아름다운' 사랑이야기, '애틋한' 사랑이야기로 그려져 있습니다. 설화에 홍장과 박신이 기약 없는 이별을 앞두고 많은 눈물을 흘렸다고 기록되어 있어서일까요? 시리즈 마지막 11번 조형물은 홍장과 박신이 서로 마주 보고 행복한 웃음을 짓고 있는 모습입니다. 박신의 손에는 부부의 금실을 상징하는 원앙새가 들려 있습니다. 이 조형물에 새겨진 문구는 이렇습니다. '홍장과 박신이 행복한 여생을 보냈다고 한다.' 해피엔딩입니다. 이들 고사를 담고 있는 홍장암에 내리는 밤비의 정경인 홍장야우는 경포8경의 한 자리를 차지하고 있습니다. 임과 함께 꽃 배 타고 술과 여흥이 있는 데다 잔잔히 비까지 내려주는 양반들의 풍류가 후대에 자랑으로 남겨줄만한 경치가 된 것입니다. 님을 향한 여성의 일편단심도 선양할 겸.

홍장고사가 '애틋한 사랑' 이야기인가요? '아름다운' 이야기인가요? 경포8경의 일경으로 당당히 매김 해도 될까요? 봉건적 사회 기준에서는 그럴 수도 있었겠습니다. 그런데 21세기를 사는 현시대에 시에서 주도하여 당당하게 기념비와 조형물로 기릴만한 이야기인지는 의문이 듭니다. 조선시대에도 홍장고사를 비판하는 시각이 없었던 것은 아닙니다. 『관동별곡』에서 정철은 경포대의 아름다움을 언급하면서 박신과 홍장의 사랑을 '호사스런 풍류'라고 지적합니다. 정부의 관리로서 박신의 태도를 옳지 않다고 본 것이지요. 정부관리가 지녀야 할 올바른 태도와 미덕의 기준점을 마련해준 다산의 촘촘한 눈에 이들의 이야기가 그냥 빠져나가진 않았습니다. 목민심서에서 다산은 정부관리의 여색女色 경계를 거듭 당부하고 있습니다. 다산은 박신과 홍장의 사례를 들면서 박신을 '허황하고 혼미昏迷한 사람'이라고 비판하고 있습니다. 조선의 봉건사회 풍속에서도 정철이나 다산도 박신의 행각을 이렇게 지적하고 나서는데, 현 시대적 관점에서는 더더구나 홍장고사를 '아름다운' 사랑 이야기로 기리는 것은 그냥 지나치기 어렵습니다.

21세기 어법으로 표현하자면, 홍장고사는 중앙정부의 유부남 관리가 지역출장 중에 관에서 마련해준 공식 접대를 받으면서 접대에 동원된 한 아가씨에게 마음을 빼앗겨 서울로 데리고 가서 '세컨드'로 삼아 산다는 이야기 아니겠습니까. 사실 박신은 여말선초의 정치가로 정몽주 문하생으로 알려져 있습니다. 홍장고사의 배경인 박신의 강릉안찰사 부임은 정권이 고려에서 조선으로 바뀌던 시기로 그의 나이 31세 때이며, 이후 홍장을 한양으로 데려와 소실로 삼았다 합니다. 이후 조선개국시 개국공신으로 세종 때 이조판서까지 지냈던 인물입니다.

　박신이 중앙정부의 관리로서 기생에 불과했던 홍장에게 마음을 주고 데려와 소실로 삼았던 것은 그 당시의 관행이나 사회도덕률에 의하면 크게 비난받을 행동은 아니었을지 모릅니다. 오히려, 신분을 초월한 '순수한' 사랑과 여성의 '절개'는 당시 뭇사람들에게 감동을 주었을지도 모릅니다. 하지만 이런 유의 이야기는 그저 문헌 속 '고사'로 남겨지는 것으로 족합니다. '햇볕에 바래면 역사가 되고 달빛에 물들면 신화가 된다'는 작가 이병주의 말대로, 낭만의 경포호에서 배 띄워 놓고 '여섯 달빛'속에서 유흥을 즐기고 싶던 옛사람들의 욕망이 반영된 '고사'로 남겨두는 것으로 족합니다. 지금, 우리는 21세기를 살고 있습니다. 어느 문인의 말대로 사소한 풍광이라도 역사의 사연이 얹히면 탐미 공간으로 탈바꿈 되기도 합니다만, 홍장고사는, 아닙니다.

바우길,
그 길을 걷다

초판 1쇄 인쇄 2020년 5월 20일
초판 1쇄 발행 2020년 5월 25일

글·사진 신두호
펴 낸 이 주혜숙

펴 낸 곳 역사공간
등　　록 2003년 7월 22일 제6-510호
주　　소 03996 서울시 마포구 월드컵로 100 한산빌딩 4층
전　　화 02-725-8806
팩　　스 02-725-8801
전자우편 jhs8807@hanmail.net

I S B N 979-11-5707-406-8 03980

- 책값은 뒤표지에 있습니다. 잘못된 책은 바꾸어 드립니다.
- 이 도서의 국립중앙도서관 출판예정도서목록(CIP)은 서지정보유통지원시스템 홈페이지 (http://seoji.nl.go.kr)와 국가자료종합목록시스템(http://www.nl.go.kr/kolisnet)에서 이용하실 수 있습니다. (CIP제어번호 : CIP2020020471)